DR. MARKUS ELSÄSSER

Die sechs entscheidenden Lektionen des Lebens

Was ich in 50 Jahren gelernt habe und wie auch Sie davon profitieren können

Bibliografische Information der Deutschen Nationalbibliothek
Die Deutsche Nationalbibliothek verzeichnet diese Publikation in der Deutschen Nationalbibliografie; detaillierte bibliografische Daten sind im Internet über **http://d-nb.de** abrufbar.

Für Fragen und Anregungen:
info@finanzbuchverlag.de

Originalausgabe, 2. Auflage 2023

ein Imprint der Münchner Verlagsgruppe GmbH
Türkenstraße 89
80799 München
Tel.: 089 651285-0
Fax: 089 652096

Redaktion: Desiree Simeg
Korrektorat: Silke Panten
Umschlaggestaltung: Marc-Torben Fischer
Umschlagfoto: Markus Elsässer/Marc Bernot
Portraitfoto des Autors: Markus Elsässer/Maigut Media
Satz: ZeroSoft, Timisoara
Druck: GGP Media GmbH, Pößneck
Printed in Germany

ISBN Print 978-3-95972-503-3
ISBN E-Book (PDF) 978-3-96092-953-6
ISBN E-Book (EPUB, Mobi) 978-3-96092-954-3

Weitere Informationen zum Verlag finden Sie unter

www.finanzbuchverlag.de

Beachten Sie auch unsere weiteren Verlage unter www.m-vg.de.

Inhalt

Meinen Söhnen
Leonard und Julian

Vorwort
Aus der Werkstatt

Das Schreiben dieses Buches ist mir nicht in den Schoß gefallen. Als Autor meiner beiden Bestseller *Des klugen Investors Handbuch* (erschienen im Jahr 2016 – Themen rund um die Börse) und *Dieses Buch ist bares Geld wert* (erschienen im Jahr 2020 – Tipps für das Leben) wusste ich, wie anstrengend es sein kann, ein gutes Buch zu schreiben. Auch diesmal ging es mir darum, Ihnen Teile meines Wissens und meiner Erfahrungen zu vermitteln. Das Lesen soll Ihnen Freude machen. Ich halte nichts von trockenen Fachbüchern; reine Theorie konnte ich noch nie leiden. Ich hoffe, es ist mir gelungen, Erkenntnisse mit praktischem Nutzen für Sie zu Papier zu bringen.

Im Laufe der letzten 50 Jahre habe ich viele Höhen und Tiefen erlebt. Ich bin interessanten Menschen begegnet, von denen ich viel lernen durfte. Dabei sind mir meine Erfahrungen nicht einfach zugeflogen und manche berufliche Station oder Entscheidung hätte ich mir rückblickend betrachtet auch leichter machen können. Aber es hat sich gelohnt, denn ich habe gelernt, meine Wünsche und Visionen zu verwirklichen. Auf diese Reise möchte ich Sie mitnehmen. Profitieren Sie von meinen Erfahrungen. Mit dem Buch *Die Sechs entscheidenden Lektionen des Lebens* gebe ich Ihnen die Quintessenz für einen erfolgreichen Lebensfahrplan an die Hand. Lesen Sie sie in Ruhe und ohne Erwartungsdruck.

Mit diesem Buch werde ich mir sicherlich nicht nur Freunde machen, denn unangenehme Wahrheiten und klare Worte werden nicht von allen gerne gehört. Viele Menschen haben sich daran gewöhnt, um den heißen Brei herumzureden und Tabuthemen zu meiden. Auf allergische Reaktionen bin ich gefasst, doch auf solche Empfindsamkeiten kann ich keine Rücksicht nehmen, dazu ist das Thema des persönlichen Erfolgsfahrplans zu wichtig.

Manche von Ihnen haben vielleicht schon resigniert; ich werde mich daher bemühen, Ihnen Wege aus dem Dunkel aufzuzeigen. Diese Vision hatte ich beim Schreiben immer vor Augen. Ich bin mir sicher, dass Sie nach der Lektüre in Ihrem Alltag neue Akzente setzen können. Vielleicht erhalten Sie sogar einen Anstoß, Ihrem Leben eine ganz neue Wendung zu geben.

Auf Wunsch meines Verlegers

Ich habe das vorliegende Buch mit viel Passion und Liebe geschrieben. Dazu gibt es eine kleine Geschichte und mein Verleger hat mich gebeten, diese mit Ihnen zu teilen.

Vor etwa zehn Jahren führte mich eine Englandreise in die Grafschaft Hampshire und dort in die kleine Ortschaft Chawton. Ziel meiner Exkursion war das Haus der Schriftstellerin Jane Austen (1775–1817). Es ist ein bescheidenes Häuschen mitten im Ortskern mit niedriger Deckenhöhe und kleinen Zimmern. In einem Erker im Parterre steht ein rundes Holztischlein, wirklich winzig und wackelig. Dort hat Jane Austen alle ihre berühmten Werke mit der Hand geschrieben – Tausende von Seiten! Ich war zutiefst ergriffen und beeindruckt.

Als ich beginnen wollte, das vorliegende Buch zu schreiben, und dazu meinen Laptop aufklappte, kamen mir plötzlich Jane Austen und der kleine Tisch wieder in den Sinn. Nicht dass ich mich mit ihr vergleichen möchte, aber auf einmal spürte ich die Ruhe dieses Hauses in Chawton und konnte die Hingebung nachempfinden, mit der sie ihre Bücher geschrieben hat. In diesem Moment wurde mir klar: »Das machst du auch so! Du hast so viel zu sagen. Das muss sitzen. Das erfordert die größtmögliche Sorgfalt.« Im Englischen heißt es *with tender love and care* – mit liebender Umsicht und Behutsamkeit.

Ich machte also den Laptop wieder zu, warf meine Zeitplanung über den Haufen und fuhr an einen ruhigen Ort in Schweden. Ich besorgte mir einen Stapel DIN-A4-Papier und schrieb die erste Version des Manuskripts mit meinem Füllfederhalter, von der ersten bis zur letzten Seite. Dabei erlebte ich eine Art von Produktivität, die ich so nicht erwartet hatte.

Bei einem Buchprojekt hat man einen Berg an Arbeit vor sich. Typischerweise ist man ungeduldig und nervös. Beim Schreiben mit dem Füllfederhalter ging es aber nicht so schnell. Die Schrift musste ordentlich bleiben, sonst würde alles unleserlich. Ich musste mich also zwangsläufig zügeln, ob ich wollte oder nicht. Während des langsamen Schreibens flogen mir weitere Gedanken zu. Gerade weil ich langsam unterwegs war, konnten diese sich Raum verschaffen. Die Kunst bestand darin, meinen angefangenen Satz zu Ende zu bringen und gleichzeitig den neuen Gedanken nicht zu verlieren. Ebenso musste ich die geplante Abfolge der weiteren Sätze im Auge behalten. Das war für mich ein unerwartetes geistiges Training, eine wahre Mobilisierung der Gehirnzellen.

Warum erzähle ich Ihnen das? Aus zweierlei Gründen: Zum einen bin ich Investor und Finanzexperte von Beruf und kein gelernter Schriftsteller. Haben Sie also bitte Nachsicht, wenn meine Formulierungen nicht immer den Anforderungen eines perfekten Schreibstils entsprechen. Daran sehen Sie, dass hier kein Ghostwriter am Werk war. Auch auf den Einsatz eines Künstliche-Intelligenz-Roboters wurde verzichtet. Zum anderen soll es Ihnen als Anregung dienen, falls Sie eines Tages etwas Anspruchsvolles niederschreiben wollen und Ihr Kopf vor lauter Wissen und Ideen geradezu überquillt. Denken Sie an mich und diese kleine Anekdote, bevor Sie mit einem Affenzahn in die Tastatur hauen. Halten Sie stattdessen kurz inne. Vielleicht ist dies ein Moment, in dem auch Sie sich den Luxus leisten sollten, es langsamer angehen zu lassen – zum Beispiel mit Füllfederhalter und Papier. Ich wünsche Ihnen dabei viel Erfolg!

Stockholm, im Frühjahr 2023

Mit den besten Wünschen

Ihr
Dr. Markus Elsässer

Einleitung

Allen Menschen steht es offen, einen erfolgreichen Lebensweg einzuschlagen. Das ist kein Privileg einiger weniger. Ich möchte Ihnen mit einem pragmatischen Erfolgsfahrplan aufzeigen, wie Sie Ihre beruflichen Perspektiven, ja Ihren gesamten Lebenszuschnitt, in eine andere Dimension führen können. Warum ist er so wichtig? Damit Sie das Steuerrad Ihres Lebens auf der Kommandobrücke fest in die Hand nehmen. So haben Sie beste Chancen, ein selbstbestimmtes und erfülltes Leben zu führen.

Dieses Thema ist viel brisanter, als Sie vielleicht vermuten. In den Schulen und an den Universitäten wird das Fach »Mein Lebensfahrplan und seine Regeln« nicht gelehrt. Die meisten Menschen treten also so unvorbereitet in das Abenteuer Leben wie in ein Minenfeld.

Es kommt nicht von ungefähr, dass der weltweite Tablettenkonsum in horrender Weise angewachsen ist. Immer mehr Menschen greifen auf Antidepressiva und Schlaftabletten zurück.

Mit einem klugen Lebensfahrplan bestehen gute Chancen, nicht in solche Abhängigkeiten zu geraten und auch von dem Besuch beim Psychoanalytiker abzusehen.

Lassen Sie sich nicht irritieren: Eine Industrie des Rumrührens im Leid hat sich etabliert. Das Schuldsuchen für die Gründe von Unwohlsein und Misserfolg ist zu einem Volkssport geworden. Die eigene Opferrolle wird schicksalsgläubig hingenommen. Die Aussichten, mit einer solchen Haltung zu einer Lösung der Lebensprobleme zu kommen, sind schlecht. Kraft, Zeit und Geld werden verschwendet. Aus meiner Sicht muss das nicht so sein. Es ist mein Anliegen, einfache und klare Wege aufzuzeigen, die auf alternativem Wege aus Miseren führen können.

Der Bankier Hans J. Bär (Schweiz, 1927–2011), der auf dem internationalen Parkett ein und aus ging und über Jahrzehnte Erfahrungen bei der Beurteilung von Menschen aus verschiedenen Kulturen gesammelt hat, nennt in seiner Autobiografie *Seid umschlungen, Millionen* vier grundlegende Kriterien, die unseren Lebensweg bestimmen:

1. Ausbildung
2. Bildung
3. Leistung
4. Wille

Sie bilden das Fundament, alles Weitere folgt danach. Ich kann Hans J. Bär nur beipflichten, seine Schlussfolgerungen decken sich mit meinen Erfahrungen. Sicherlich haben Sie von diesen vier Kriterien bereits gehört. Aber sind Ihnen die Tragweite und der Zusammenhang hinsichtlich Ihres Werdegangs bewusst?

Ehrgeizige Ziele für einen erfolgreichen Lebensweg nützen gar nichts, wenn es an einem der vier genannten Kriterien hapert. Sie müssen sich das wie ineinandergreifende Zahnräder vorstellen. Wenn ein Zacken fehlt, funktioniert das Räderwerk nicht. Es hat also keinen Sinn, sich nur auf eines der Kriterien zu konzentrieren und die anderen zu vernachlässigen. Ich habe sie daher alle als Lektionen in diesem Buch aufgegriffen und um Geschäftsmodell und Werteordnung erweitert. Diese werden in den Lektionen 5 und 6 behandelt.

Machen Sie es sich jetzt gemütlich. Eine spannende Lektüre erwartet Sie. Ich nehme Sie an die Hand und werde Sie nun Schritt für Schritt zu Ihrem Erfolgsfahrplan führen.

Lektion 1

Ausbildung

Es hapert am System

Kaum etwas ist so wichtig wie die Berufswahl. Während Ihrer aktiven Jahre werden Sie die meiste Zeit im Berufsleben verbringen. Anders als in der Privatsphäre können Sie bei der Arbeit nur in Ausnahmefällen frei entscheiden, mit wem Sie es tagein, tagaus zu tun haben. Nur selten können Sie sich Ihre Patienten, Schüler, Kunden, Lieferanten, Kollegen oder Vorgesetzten aussuchen. Doch diese Menschen bestimmen in hohem Maße Ihren Tagesablauf und haben großen Einfluss auf Ihr Wohlbefinden.

Egal, für welchen Berufsweg Sie sich entscheiden, ausschlaggebend ist die Wahl der bestmöglichen Ausbildung. Hier stelle ich ein totales Versagen des Schulsystems fest. Ich frage mich, was in den Köpfen der Lehrer vorgeht. Und womit verbringen die Beamten in den Schul- und Kultusministerien eigentlich ihre Zeit? Den Schülern wird viel überflüssiges Lehrmaterial über einen zu langen Zeitraum eingetrichtert. Die jungen Menschen werden nicht richtig auf die Berufswahl vorbereitet. Es kümmert das Schulsystem auch wenig, wie die Schulabgänger einen optimalen Ausbildungsweg finden sollen. Seit Jahrzehnten ist das gesamte Schulcurriculum obsolet. Es entspricht nicht den Anforderungen der Zeit.

Auch in den meisten Familien beobachte ich einen oberflächlichen und unprofessionellen Umgang mit dem Thema Ausbildung. Hier einige Beispiele familiärer Fehlentwicklungen, die mir über die Jahre aufseiten der Eltern aufgefallen sind.

Bockende Jugendliche

Der Nachwuchs bockt schlicht und einfach, sobald darüber gesprochen wird, wie es nach dem Schulabschluss weitergehen soll. Beim kleinsten Widerspruch zucken die Eltern zurück und werfen das Handtuch. Um des lieben Friedens willen wird das Thema nach ein oder zwei gescheiterten Anläufen gemieden.

Ich verstehe das Bedürfnis nach Harmonie in familiärer Runde, doch ich rate von dieser ausweichenden Haltung ab. Spätpubertäre und unreife Fehlsteuerungen bei Schulabgängern sind nicht ungewöhnlich, bei der Wahl einer Ausbildung und eines Berufes jedoch inakzeptabel. Es bleibt Ihnen in solchen Fällen nichts anderes übrig, als den Betroffenen in den Schwitzkasten zu nehmen. Einen Dank werden Sie für Ihre Beharrlichkeit allerdings (zunächst) nicht ernten.

Ich erinnere mich noch gut daran, wie meine Nichte ein Jahr vor dem Schulabschluss zu jedem Sonntagskaffee in die Zange genommen wurde. An ihrer Entschlusslosigkeit sind ihre Eltern geradezu verzweifelt. Solche Gespräche tragen nicht gerade zu einer fröhlichen Stimmung bei. Trotzdem muss der Einsatz von den Erziehungsverantwortlichen geleistet werden. Es geht um zu viel. Ein gesamtes Berufsleben steht zur Disposition. Die jungen Menschen können in der Regel die Tragweite der Ausbildungsentscheidung nicht abschätzen.

Fantastereien

Auch hier sollte man am Ball bleiben. Konkreten, aber unsinnigen Spintisierereien Ihres Zöglings hinsichtlich seines Berufsweges dürfen Sie keinesfalls blind zustimmen. Lassen Sie den jungen Menschen nicht ins offene Messer laufen. Sie ersparen sich zwar heute unangenehme Diskussionen, wenn Sie sich heraushalten, die Zeche zahlt Ihr Kind aber später im Leben. Es wird Ihnen dann womöglich schwere Vorwürfe machen.

Auf Nummer sicher

Aus Angst vor einer ungewissen Zukunft raten manche Eltern zu vermeintlich sicheren Jobs: »Geh doch am besten zum Finanzamt oder zur Stadtverwaltung. Da kann dir nichts passieren.«

Auch mein Vater hatte mir 1981 aus Sorge um mein Wohlergehen zu einer Anstellung in der Innenrevision der Deutschen Bundesbank geraten. Wenn ich daran nur denke! Hüten Sie sich also davor, Ihr Kind zu manipulieren.

Engstirnigkeit

Viele Eltern haben einen eingeschränkten Blick auf das Berufsuniversum. Sie kennen nur ihr eigenes Berufsumfeld und einige wenige klassische Berufe wie Schreiner, Bäcker, Arzt, Lehrer, Anwalt, Ingenieur, Steuerberater und so weiter. In völliger Unkenntnis anderer Metiers lassen sie eine Vielzahl an beruflichen Alternativen außer Acht. So wird mit Scheuklappen schlechter Rat erteilt. Liebe und ein tiefes Mitgefühl dem eigenen Nachwuchs gegenüber ist die eine Seite der Medaille, eine passende Ausbildung professionell auszuwählen und die nötigen Schritte anzugehen, die andere.

Unangebrachte Zurückhaltung

»Meine Jüngste ist vor Kurzem 18 Jahre alt geworden. Sie muss sich jetzt selber um ihre Berufswahl kümmern. Sie ist alt genug. Mir hat damals auch keiner geholfen. Ich musste mich alleine durchschlagen. Soll sie doch machen, was sie will.« Das ist eine weitere Haltung, vor der ich warnen möchte. Da werden die lieben Kleinen jahrelang umsorgt, das ganze Familienleben dreht sich um die Erziehung. Viel Mühe wird in die Auswahl des richtigen Kindergartens, der Schulen und der Nachhilfelehrer gesteckt. Auch in die sportlichen oder musischen Aktivitäten wird viel Zeit investiert. Jahrelang rollt an Nachmittagen und Wochenenden der Familien-Chauffeurdienst. Und nun, gegen Ende der Schulzeit, lassen viele Eltern ihre Schutzbefohlenen im Regen stehen. Das ergibt doch keinen Sinn.

Ich plädiere nicht für das Helikoptereltern-Syndrom, bei dem Sie Ihrem Kind überfürsorglich alles abnehmen. Natürlich muss es zu einer (schrittweisen) Abkoppelung kommen, ansonsten ist die gesamte Erziehung verfehlt. Drei kleine Beobachtungen dazu:

1. Der Kosmopolit Sir Peter Ustinov (Schweiz, 1921–2004) hat dazu eine schöne Geschichte. Nach einem gemeinsamen Konzertbesuch lädt er seinen Begleiter auf einen Schlummertrunk an die Bar ein. Sein Freund schaut traurig drein und lehnt ab. »Sehr lieb von Ihnen, verehrter Ustinov. Das würde ich zu gerne. Aber es ist schon spät und ich muss nach Hause zu meiner Mutter.« Ustinov bemerkt dazu mit einem süßen Lächeln: Sein Freund sei 76 Jahre alt.
2. In Italien hat sich die traditionell enge Mutter-Sohn-Verbindung bis in die Neuzeit als nationales Problem gehalten. Es ist gar nicht so selten, dass der Sohnemann auch noch mit 36 Jahren zu Hause bei Mama wohnt. Viele junge Männer stehen dermaßen unter dem Pantoffel, dass sie es nicht wagen, eine Heiratskandidatin zu präsentieren. Der Tod der Mutter wird lieber abgewartet.
3. Geschäftsführer großer Unternehmen und deren Personalverantwortliche berichten mir, dass die Zahl der Bewerbungen mit etwa folgendem Wortlaut beständig steigt: »Meine Tochter, 17 Jahre alt, würde sich für eine Praktikantenstelle bei Ihnen interessieren.«

Abkoppelung hin oder her, ins kalte Wasser werfen oder nicht, eines sollte Ihnen als Eltern bewusst sein. Rabbi Schneerson aus Brooklyn (1902–1994) brachte es bei einem Gespräch mit einem (schon alten) Vater auf den Punkt: »Wie, Sie sind sich nicht im Klaren, ob Ihr Sohn das oder jenes tun sollte? Denken Sie immer daran: Wenn es um Ihr Kind geht, sind Sie immer involviert. Auf die eine oder andere Weise bleiben Sie gefordert. Und wenn Ihr Sohn 119 Jahre alt wird.« Dieser Gedanke hat mir immer gut gefallen.

Nun, kehren wir zur generellen Ausgangslage zurück. Warum ist die Ausbildungsfrage eigentlich für alle so wichtig? Da wir so viel Zeit unseres Lebens mit dem Beruf verbringen, ist es für unser Lebensglück von fundamentaler Bedeutung, dort gut aufgehoben zu sein. Die Weichenstellung beginnt früh mit der Wahl des Ausbildungsweges.

Die Ausbildungsschritte und das Berufsziel müssen idealerweise übereinstimmen. Dennoch führen bekanntlich viele Wege nach Rom. Es ist eine Frage der Lebensumstände und der persönlichen Möglichkeiten, wie sich Ihr Ausbildungsweg gestalten wird. Manchen von Ihnen gelingt es, schnell auf einem geraden Weg voranzukommen. Andere beschreiten immer wieder Umwege. Aber auch aus Sackgassen führt ein Weg heraus.

Entscheidend für Ihre Ausbildungsüberlegungen sind zwei Fragen:

1. Stehen Sie eines Tages mit einem Rucksack voller Fachwissen und nützlicher Erfahrungen da oder müssen Sie konstatieren, dass das Erlernte und Erlebte nicht ausreicht?
2. Können Sie die Erfolgsleiter erklimmen oder ist Ihnen der Weg nach oben versperrt?

Bloss keine falsche Orientierung

Seit über 25 Jahren konsultiert meine Familie eine erfahrene Berufsberaterin, wenn es um Ausbildungsfragen geht. Bei jedem Besuch wird Folgendes überprüft: Führt die angestrebte Ausbildung zu einem Beruf, mit dem der junge Mensch gute Aussichten hat, für die Miete, die Krankenkassenbeiträge, die tägliche Ernährung und sonstige Lebenshaltungskosten ein Leben lang aufzukommen?

Das ist der Ausgangspunkt aller Ausbildungsüberlegungen und daran darf auch ein großes Familienvermögen nichts ändern. Ebenso ist der Wunsch nach beruflicher Selbstverwirklichung der Zöglinge im Vergleich zweitrangig.

Das hört natürlich niemand gerne. Gerade bei diesem Punkt knicken viele Eltern ein: »Oh nein, so eine altmodische Einstellung. Also, das brauchen wir für unsere Kinder doch nicht in den Vordergrund zu stellen. Bei dem finanziellen Rückhalt, den wir haben.« Das wird zwar nicht laut ausgesprochen, aber so denken viele. Sehenden Auges lassen sie zu, dass ihre Kinder fragwürdige Studienfächer wählen. Worauf das Studium beruflich hinauslaufen könnte, ist dabei unklar. Trotzdem fördern und unterstützen viele Eltern einen solchen Weg. Mit einem großzügigen

Monatssalär und einer teuren Wohnung wird der Student verwöhnt. Die Devise lautet: Hauptsache an die Universität. Voller Stolz wird dann im Bekanntenkreis verkündet, man habe einen angehenden Akademiker in der Familie.

Das richtige Stichwort muss lauten: Qualifikation. Die Zeit vergeht rasend schnell. Eben noch ein Schulabgänger, grün hinter den Ohren, und ehe man sichs versieht, ist das Bachelorstudium absolviert. Kurz darauf ist auch der Masterstudienabschluss in der Tasche. Genauso schnell geht eine Ausbildung vorbei und im Handumdrehen ist die Meisterklasse abgeschlossen.

Dann stellt sich die unbarmherzige Frage nach der Brauchbarkeit des Erlernten, eben die Frage der Qualifikation. Was kann der nunmehr erwachsene Mensch, was er vor Kurzem noch nicht konnte? Wer sich echtes Know-how und nützliches Wissen angeeignet hat, kann mit einer gewissen Unangreifbarkeit im Berufsleben rechnen. Ganz gleich, ob er als Angestellter oder als Selbstständiger arbeiten wird.

Die Arbeitswelt teilt sich in zwei Gruppierungen:

In der ersten Berufskategorie treffen wir auf Menschen mit konkreten Befähigungen. Sie können beispielsweise einen vereiterten Fußnagel behandeln. Sie sind als Unfallsanitäter im Rettungswagen unterwegs. Sie reparieren Heizungen und bringen tropfende Wasserhähne zum Stillstand. Vor Gericht erstreiten sie die Rechte ihrer Mandanten, im Notariat erstellen sie komplizierte Kaufverträge und Urkunden. Es sind aber nicht nur handwerkliche oder fachbezogene Kenntnisse, welche den Vorsprung für diese Menschen ausmachen. Manchmal kommen andere Faktoren zum Zuge, wie Sprachkenntnisse oder eine gewinnende Persönlichkeit, auf denen der Erfolg basiert. Dazu ein Beispiel:

> Ein mittlerweile verstorbener Freund meiner Familie wurde als junger Exportkaufmann nach dem Zweiten Weltkrieg in einem altehrwürdigen Handelshaus eingestellt. Die früheren Geschäftsinteressen in einer afrikanischen Kolonie mussten reaktiviert werden. Diese waren kriegsbedingt teils eingefroren, teils verloren gegangen.

Unser Freund war der Einzige im Kontor, der perfekt Französisch sprach. Ohne viel Federlesens wurde er mit einem One-Way-Ticket in der Tasche per Dampfer, ohne Hotelbuchung, auf den Weg geschickt. Dank seiner ausgezeichneten Sprachkenntnisse und seiner sympathischen Art gelang es ihm, private Geschäftsverbindungen zu wichtigen Persönlichkeiten des Landes aufzubauen. Diese Kontakte pflegte er ein Leben lang mit großem Einsatz.

Im Laufe der Jahre wurde er zu einem der erfolgreichsten deutschen Afrikakaufleute und brachte es zu großem Wohlstand. Als normaler Büroangestellter in der Firmenzentrale in Bremen wäre er sicher verkümmert.

Mit der zweiten Gruppierung der Berufswelt verhält es sich folgendermaßen: Ich möchte niemandem zu nahe treten, aber wenn ich mir Universitätsfächer wie English Studies, Soziologie, Politologie und Ähnliches anschaue, stelle ich mir die Frage: Wo ist das Fundament für eine nachhaltige Lebensgrundlage? Was ist mit einer krisenresistenten Beschäftigung? Sicher gibt es Ausnahmen, aber grundsätzlich sehe ich hier ein enormes Risiko. Studienabsolventen solcher Fächer liefern sich den Faktoren »Zufall« und »glückliche Umstände« aus. Es handelt sich um Ausbildungen, die ihre Berechtigung in einer Wohlfahrtsgesellschaft haben. Der Arbeitsplatz basiert in vielen Fällen auf staatlichen Stellenprogrammen. Das ist eine gefährliche und einseitige Abhängigkeit.

Bei allem Optimismus, mit dem ich in die Zukunft schaue, kann ich Ihnen eines versichern: Jede Generation wird mindestens eine gewaltige Krise zu überstehen haben. Das lehrt uns die Geschichte. Auch in Ihrem Leben und dem Ihrer Kinder wird das so sein. Im Laufe eines langen Lebens werden Sie sich substanziellen Veränderungen und gesellschaftlichen Erschütterungen ausgesetzt sehen. Dann kommt die Berufsfrage auf den Tisch: Was können Sie eigentlich? Wozu können Sie beitragen? Warum sollte ein Unternehmen gerade Sie einstellen?

Spielen wir den Gedanken einmal durch. Im Chaos eines ökonomischen Zusammenbruchs funktionieren nur noch Tauschhandel und Schwarzmarkt. Das ist in allen Kulturen so. Diejenigen, die solche Zustände nicht erlebt haben, können es sich nur schwer vorstellen:

- Der Zahnarzt erhält Nahrungsmittel für das Einsetzen einer Zahnfüllung.
- Wer das Dach des Steuerberaterbüros repariert, bekommt dafür die Steuererklärung ausgefertigt.
- Dem Optiker wird für das Anpassen einer neuen Brille die Bettwäsche geflickt.
- Einer meiner Vorfahren hatte gegen Ende des Zweiten Weltkriegs einen Keller voller Schuhleisten. Diese hatte er als Vergütung im Gegenzug für den Wiederaufbau einer zerbombten Fabrikhalle erhalten. In der damaligen Notlage und nationalen Unterversorgung war dieser Bestand von hohem Wert im Tauschhandel.

Klären Sie frühzeitig ab, wohin Sie Ihre gewählte oder absolvierte Ausbildung führen kann. Schauen Sie dabei mit dem linken Auge kritisch in eine ungewisse Zukunft. Endet es damit, dass Sie zur großen Manövriermasse der Bevölkerung gehören werden, abhängig von einem gesellschaftlichen System der Versprechungen? Nun, dann würde ich mir an Ihrer Stelle noch einmal ein paar Gedanken machen. Mit einem Federstrich der Weltgeschichte, mit technischen Neuerungen oder mit politischen Veränderungen kann Ihre Lebensplanung ansonsten wie ein Kartenhaus zusammenbrechen.

Beispiele solch trauriger Schicksale erlebte ich auf einer Delegationsreise in St. Petersburg im Jahr 1992. Ich begegnete einst mächtigen Ministern des Sowjetregimes, die arbeitslos und finanziell angeschlagen kaum über die Runden kamen. Ihr noch kürzlich begehrtes Sowjetpolitwissen war nun nichts mehr wert.

Die Zauberformel »Talent + Neigung«

Gehen wir nun einen Schritt weiter und betrachten das Thema Ausbildung und Beruf aus der Perspektive Ihrer individuellen

Persönlichkeit. Der Schlüssel zum Erfolg liegt in einer einfachen und logischen Überlegung. Bei Ihrer Berufswahl und den dazu passenden Ausbildungsschritten müssen zwei Kriterien in Übereinstimmung gebracht werden:

1. Ihr Talent (Ihre Begabung) und
2. Ihre Neigung (Ihr Charakter/Ihre Natur)

Das ist das A und O, quasi die Zauberformel. Bei Menschen, die scheinbar federleicht und erfolgreich durchs Leben schreiten, sind in der Regel diese beiden Punkte erfüllt.

Finden Sie heraus, wo Ihr Talent und Ihre eigentliche Natur liegen. Es lohnt sich, diese beiden Wesenszüge genauer zu betrachten. Einigen Menschen fällt das leicht. Sie besitzen instinktiv eine sichere Wahrnehmung ihrer selbst oder sind in den Genuss einer umsichtigen Erziehung gekommen. Vielleicht sind sie aber auch in einem feinfühligen Umfeld aufgewachsen. Der Modezar Karl Lagerfeld (Hamburg/Paris, 1933–2019) ist in der Beziehung zu seiner weitsichtigen und großzügigen Mutter hier ein gutes Beispiel. Den meisten Menschen fällt jedoch die Analyse ihrer selbst schwer. Sie sind dazu nicht erzogen worden, sie empfinden den Zugang zu ihrer Persönlichkeitsstruktur als Buch mit sieben Siegeln. Diese Menschen brauchen mehr Zeit, wahrscheinlich bedürfen sie sogar professioneller Hilfe.

Das ist im Übrigen keine Fragestellung, die nur Schulabgänger und Berufseinsteiger betrifft. Es lohnt sich, alle 10 bis 15 Jahre die Frage nach Ihrem Talent und Ihrer eigentlichen Neigung erneut zu beantworten. Die Bewältigung mancher Lasten führt zu einer tieferen Selbsterkenntnis. Vielleicht werden Sie feststellen, dass Sie sich in manchen Punkten über die Zeit verändert haben.

Einen Ausbildungsweg anzutreten, ohne Ihre Zauberformel »Talent + Neigung«, also Ihre Begabung und Ihren Charakter, gründlich untersucht zu haben, ist ein nicht vertretbares und noch dazu unnötiges Risiko. Bei der Wahl Ihres Berufes ist es eine Sünde, diesen Aspekt außer Acht zu lassen. Ich kann nur jedem empfehlen, bei diesem Thema Hilfe in Anspruch zu nehmen, es ist eine der besten Investitionen.

Es geht dabei nicht so sehr darum, ob Sie Ihren Job einigermaßen bewältigen können, sondern vielmehr um die Frage, ob Sie ein Leben lang beruflich im tiefsten Inneren *happy*, also zufrieden, sein werden. Ihren Beruf souverän ausüben zu können, ohne Verkrampfung und Selbstzweifel, das ist die Herausforderung. Schauen wir uns das anhand von ein paar Beispielen näher an:

- Ein junger Verwandter von mir hatte alle Voraussetzungen zum Beruf des Flugzeugpiloten. Körpergröße, Gesundheit und Intelligenz, alle Faktoren passten. Es stellte sich jedoch heraus, dass er einen sehr extrovertierten Charakter besaß. Im Laufe der Jahre wäre er im engen Cockpit – festgeschnallt und abgekapselt mit einem Co-Piloten – regelrecht vereinsamt.
- Mein Neffe war auf dem besten Weg, ein Veterinärstudium zu beginnen. Das Schulpraktikum beim örtlichen Tierarzt hatte er mit Bravour gemeistert. Eiter, Blut, Gestank und der Besuch im Schlachthaus machten ihm nichts aus. Doch bei der Analyse seiner charakterlichen Grundeinstellung kam heraus, dass seine Fähigkeit zur Empathie extrem niedrig ausgeprägt war. Dieser Charakterzug hätte die intrinsische Motivation des Helfens für ein Leben als Veterinär untergraben. Er wäre als Tierarzt zwar zurechtgekommen, auf Dauer aber nicht glücklich geworden.
- Menschen mit einem ausgeprägten Harmoniebedürfnis sollten keine Laufbahn als Scheidungsanwalt oder als Leiter einer Reklamationsabteilung anstreben. Als Standesbeamte beispielsweise wären sie auf einem besseren Terrain.
- Von Natur aus ungeduldige Menschen werden auf Dauer bei der Laborarbeit in der Grundlagenforschung nicht glücklich. Als Immobilienmakler in einer quirligen Metropole könnte das schon anders aussehen.
- Bedächtigen Sanguinikern würde ich zu einer gutachterlichen Tätigkeit raten. Von einer Karriere im Außendienst eines Waschmittelkonzerns mit strengen Verkaufsvorgaben und einem vollen Terminkalender sollten sie eher die Finger lassen.

Ich glaube, Sie verstehen nun, warum dieses Duo – Talent und Neigung – so wichtig ist. Es ist tragisch, dass es bei der Berufswahl so selten berücksichtigt wird.

Individualität

Das System, wie Menschen generell an das Thema ihrer Lebensplanung herangeführt werden – sei es von der Familie oder von der Schule aus –, ist grundverkehrt aufgezäumt. Die komplexe Struktur der Individualität des Einzelnen wird zu wenig ins Kalkül miteinbezogen. Stattdessen landen viele Menschen unversehens in Schablonen und uniformen Mustern, ohne es zu merken. Sie bekommen im Beruf eine Jacke übergestülpt, die nicht auf ihrem Wunschzettel stand. Und aus dieser kommen sie nur schwer heraus – wenn es ihnen überhaupt gelingt.

Es verwundert nicht, dass es in so vielen Lebensläufen zum Kladderadatsch kommt. Die Symptome können vielfältiger Art sein:

- Auf einmal mangelt es den Menschen an Energie.
- Sie empfinden ihren Alltag als schwer, die Leichtigkeit ist dahin.
- Sie bekommen auf ganz anderen Ebenen Probleme, zum Beispiel in der Gesundheit oder im Privatleben.
- Ein schwammiges Unwohlsein schleicht sich bei ihnen ein.
- Sündenböcke müssen her: Der ekelhafte Vorgesetzte oder die hinterlistige Kollegin werden zum Dauerthema beim Abendbrot.
- Das unbefriedigende Privatleben, das mangelnde Verständnis des Lebenspartners, die Enttäuschung über die Undankbarkeit der Kinder, solche Emotionen beginnen auf der Seele zu lasten.

Doch dies hat nichts mit der Außenwelt zu tun. Frust und Kummer haben diese Menschen sich selbst zuzuschreiben. Ihre Verärgerung ist das Ergebnis der Missachtung der beiden entscheidenden Komponenten. Falsch positioniert, haben sie ihr Talent und ihre eigentliche Natur ignoriert. Und nun wird ihnen die Quittung präsentiert.

Rat einholen

Selbst wenn Sie sich bei der Berufswahl Ihrer Sache sicher sind, sollten Sie sich vor Ihrer endgültigen Entscheidung für einen bestimmten Ausbildungs- und Berufsweg Rat einholen.

Ich selbst bin das beste Beispiel dafür, wie man es hätte besser anstellen können. In meinem Fall schien von Kindesbeinen an alles klar. Bei mir gab es keinen Beratungsbedarf. So meinte ich jedenfalls, denn ich hatte von klein auf ein Faible für die Welt der Finanzen. Die Banklehre und das anschließende Studium samt Promotion fielen mir nicht schwer. In den Jahren nach dem Studium entwickelten sich manche Träume und ich beschritt viele berufliche Irr- und Umwege. Das hat mich viel Zeit gekostet; zumindest habe ich das so empfunden.

Aus heutiger Sicht bin ich mir sicher, dass eine gründliche Analyse meiner Persönlichkeitsstruktur damals zu einem optimaleren Berufsweg geführt hätte: bloß nicht studieren, sondern gleich nach der Lehre in die Börsenabteilung einer Bank und von da aus schnurstracks in die Welt der Investments.

Ich hatte das Glück, dass ich dank eines guten Schicksals immer wieder zu meinem eigentlichen Talent und meiner Neigung – dem Investieren als unabhängiger Privatier – zurückgeführt wurde. Stets meiner inneren Stimme folgend, hatte ich den Mut, mich auf meinen verschiedenen Berufsstationen nicht korrumpieren zu lassen. Ich habe meine eigentliche Berufung nie aus den Augen verloren, egal, wie viel Kraft es mich gekostet hat und wie schwierig es auch war.

Als ich mich meinem New Yorker Geschäftsfreund, dem prominenten Investor Guy Wyser-Pratte (82 Jahre) im Jahre 2001 anvertraute, wie traurig es doch sei, dass ich mich erst im Alter von 42 Jahren als Investor selbstständig gemacht hatte, war er überhaupt nicht überrascht. Angesichts meines familiären Umfelds bestehend aus Beamten und Juristen war für ihn der Fall eindeutig: »Es war schwer für dich, du hattest ja nicht den richtigen Rat.«

Unternehmen Sie als Berufsanfänger jede Anstrengung, der Zauberformel »Talent + Neigung« auf die Spur zu kommen. Beschäftigen Sie sich mit der Thematik. Falls Sie beruflich schon weiter fortgeschritten sind: Auch für Sie ist das ein Muss!

Beschreiten Sie andere Wege

Schauen wir uns nun die Zeit direkt nach dem Schulabschluss an.

Nach dem langen Drücken der Schulbank ist es ein Gebot der Stunde, die Praxis draußen in der Welt kennenzulernen. Dazu reichen Praktika von wenigen Wochen nicht aus. Wenn es nach mir ginge, sollten junge Menschen zunächst eine Lehre absolvieren, denn das Ausbildungsangebot ist vielfältig:

- Büroberufe aller Art (Schreibtischberufe)
- Außendienst- und Vertriebstätigkeiten
- Handwerksberufe »unter Dach« oder an der freien Luft
- Arbeiten in der Natur
- technische Berufe mit Maschinen und den verschiedensten Materialien
- IT- und Softwarespezialisten
- Pflegedienstleistungen und medizinisch orientierte Tätigkeiten
- Schädlingsbekämpfer
- Berufe, die mehr kopfbetont oder körperlich betont sind

Der Katalog an Offerten für eine Lehrzeit ist breit gefächert. Alle Ausbildungen sind mit einer fundierten Berufsschulbegleitung hierzulande hervorragend organisiert. Staatliche Prüfungen bilden den Abschluss. Eine solche Lehrzeit bietet die beste Möglichkeit, innerhalb von nur zwei bis drei Jahren die Realität des Berufsalltags kennenzulernen. Danach weiß der junge Mensch schon viel besser, wohin er gehört und – noch viel wichtiger – wo er auf gar keinen Fall enden will.

Doch derzeit werden zu viele Schulabgänger seitens des Elternhauses, der Lehrer oder des Freundeskreises regelrecht an die Universität gezwungen. Auf die wahre Begabung und Veranlagung der Heranwachsenden wird zu wenig Rücksicht genommen. Der Sohn unseres Nachbarn musste sich anhören: »Du hast doch ein Abitur mit Note 1,8. Warum gehst du dann auf die Fachhochschule? Geh doch auf die Universität!« So ein Umfeld wünsche ich Ihnen nicht, denn der potenzielle langfristige Schaden ist gar nicht abzuschätzen.

Gründliche Ausbildungszeit

Von der vermeintlichen Alternative zu einer Lehre – dem sogenannten Training on the Job – rate ich ebenfalls ab. Das wäre mir als Ausgangsbasis zu dünn. Dabei wird dem Berufseinsteiger fix erklärt, was bei der Arbeit zu tun ist, welchen Knopf er zu drücken hat, welche Buchungsnummern einzusetzen sind und so weiter. Und schon läuft die Kiste. Im Nullkommanichts ist der Berufseinsteiger in einem lukrativen Job gelandet. Wozu also überhaupt eine lange Ausbildung absitzen?

Hier sollten Sie vorsichtig sein und längerfristig denken. Passen Sie auf, dass Sie mit so einem Training on the Job als Berufseinstieg nicht in einer Sackgasse landen. Später fehlt Ihnen womöglich das Verständnis für die größeren Zusammenhänge, Ihr berufliches Fundament bleibt eingeschränkt und ist eventuell zu schwach. Es wäre bedauerlich, wenn Sie eines Tages zum Fachidioten auf Ihrer Arbeit abgestempelt würden. Der schnelle Einstieg bei guter Bezahlung ist verführerisch, doch das ist ein gefährliches Pflaster. Eventuelle Limitationen sind schwer zu überwinden. Typischerweise werden Sie später bei Beförderungen übergangen und stoßen bei Ihrer Karriere an eine Decke. Reuevoll schauen Sie dann zurück: »Hätte ich damals bloß mehr in meine Ausbildung investiert!«

Wanderjahre

Nach absolvierter Ausbildung sollten »Wanderjahre« folgen, als Pflichtprogramm für jeden. Das meine ich im weiteren Sinne unabhängig davon, ob Sie eine Lehre oder ein Studium abgeschlossen haben. Je früher Sie unterschiedliche Arbeits- und Firmenkulturen sowie verschiedene Organisationsabläufe und Arbeitsweisen kennenlernen, desto besser.

Wenn Sie von Anbeginn nur bei einem Arbeitgeber tätig sind:

- Wie wollen Sie die Maßstäbe für ein gutes Unternehmen kennenlernen?
- Wie wollen Sie die Effizienz von Arbeitsabläufen beurteilen?
- Wie wollen Sie herausfinden, welche Art von Firmenkultur am besten zu Ihnen passt?

Mit den Wanderjahren eröffnet sich Ihnen die Möglichkeit, sich mit Ihren Fähigkeiten und Ihren beruflichen Wünschen richtig einzuordnen. Vielleicht merken Sie erst dann, dass Sie gewisse Defizite und Beschränkungen im Vergleich zu Ihren Kollegen haben. Das sind oft Bremsklötze, mit denen Sie in der Schulzeit oder in der Familie aufgewachsen sind. Wenn Sie diese Mankos identifizieren, haben Sie die Möglichkeit, sie frühzeitig auszugleichen.

Geben Sie sich jedoch nicht der Illusion hin, dass jeder, der auf eine Art Wanderschaft geht, auch automatisch eine Horizonterweiterung erfährt. Mein Großvater hatte in seinem Betrieb häufig junge Mitarbeiter, die für ein Jahr in der Branche um die halbe Welt geschickt wurden. Ich kann mich noch gut erinnern, wie er hin und wieder den Kopf schüttelte und zu mir sagte: »Der Meier war jetzt so lange in der Fremde unterwegs. Stell dir vor, er ist mit dem gleichen Kragen zurückgekehrt.«

In der Regel wird sich die Horizonterweiterung in Ihrer Ausbildung für Sie auszahlen. Sie ist in jedem Fall eine gute Methode, die Arbeitswelt in all ihren Facetten kennenzulernen und zu erfahren, dass Arbeit zum Leben gehört. Unter Umständen haben Sie dies zu Hause so nicht vermittelt bekommen. Arbeiten zu dürfen, ist etwas Positives und Konstruktives. Sie sollten alles daransetzen, Ihre berufliche Tätigkeit in diesem Lichte zu sehen. Ich wünsche Ihnen, dass Sie Ihre Arbeit als Bereicherung empfinden.

Vielen Menschen gelingt das leider nicht. Wer den gesamten Ausbildungs- und Berufskomplex falsch angeht, ist oftmals frustriert und flüchtet sich ins Jammertal. Davon halte ich nichts. Von dem verbreiteten Phänomen des Eskapismus in das vermeintlich schönere Privatleben ist ebenfalls abzuraten. Als Resultat kommt dabei der »Freizeitmensch« heraus. Es ist ein bedenklicher Giftcocktail, sich durch den Beruf zu wursteln und sein Seelenheil in der Freizeit zu suchen.

Noch einmal: Die Herausforderung besteht nicht darin, einen Job irgendwie zu packen. Ob Sie in der Lage sind, die übertragenen Aufgaben zu bewältigen, stellt sich schnell heraus. Langfristig geht es darum zu vermeiden, dass Sie sich zur Arbeit schleppen müssen. Ihre Zeit am Arbeitsplatz muss einen Sinn für Sie ergeben. Eines schönen Tages aufzuwachen und sich zu fragen: »Was mache ich hier eigentlich?«, ist doch eine schreckliche Vorstellung.

Nach der ersten Euphorie

Eine verfehlte Bestimmung in Ihrer beruflichen Laufbahn stellt sich oft erst spät heraus. Typischerweise herrschen nach den ersten Berufsjahren Euphorie und Zuversicht. Die Aussichten und Perspektiven sind verlockend. Junge Leute sind populär und werden gesucht, mit der Karriere geht es zügig voran. Man ist auf Sie aufmerksam geworden. In der Firma und in Ihrer Familie sind sich alle einig: Sie gehören zur Kategorie *young and hopeful,* Sie haben den Marschallstab im Tornister.

Manche Organisationen und Firmen leisten sich einen regelrechten Goldfischteich an Kadernachwuchs, den sie mit verlockenden Perspektiven bei Laune halten. Einige Privatuniversitäten arbeiten mit solchen Unternehmen häufig Hand in Hand. Investmentbanken, Unternehmensberatungen und Start-ups sind als Arbeitgeber bei Karrieristen beliebt. Die Bezahlung für Berufsanfänger ist fürstlich und die Nachwuchskräfte werden von der Dynamik enthusiastisch mitgerissen. Es winkt das gelobte Land der Topjobs.

Doch der abverlangte Arbeitseinsatz ist brutal. Für ein Privatleben bleibt keine Zeit. Nachts fallen die jungen Leute todmüde ins Bett. Eine Weile geht das gut. Irgendwann wird vielen bewusst, dass sie wie Hamster im Käfig gefangen sind. Sie funktionieren nur noch im Tretrad. Nach und nach schleicht sich ein ungutes Gefühl ein. Sie sind doch so gut gestartet. Irgendetwas hat sich aber nicht erwartungsgemäß entwickelt. So hatten sich die Nachwuchsmanager das nicht gedacht.

Falls Sie in eine solche Situation geraten, dann hilft Folgendes:

- Schauen Sie sich Ihr direktes Arbeitsumfeld genau an.
- Wie geht die Firma mit den älteren Kollegen um?

- Gibt es überhaupt ältere Führungskräfte? Was ist aus ihnen geworden?
- Wie sind die höhergestellten Kollegen so drauf?
- Werden diese in der Firma geachtet und mit Respekt behandelt?
- Wollen Sie deren Leben auch eines Tages genau so leben?

Das ist der Moment, in dem Sie überprüfen müssen, ob Sie an dem vorgezeichneten Weg auf Dauer Freude haben werden. Klären Sie, ob diese Aussichten Ihre Seele zum Schwingen bringen. Haben Sie ein Lächeln im Gesicht, wenn Sie an Ihre Karriereaussichten denken? Werden Sie so Ihr Talent und Ihre Neigung zum Einsatz bringen können?

Haben Sie keine Angst davor, Ihren Berufsweg zu verändern. Das hat selten geschadet. Mir kommen ein paar Beispiele zur Veranschaulichung in den Sinn:

- ein Oberarzt, der dem Krankenhausmief entflieht, mutig seiner schriftstellerischen Neigung folgt und in die Redaktion eines medizinischen Fachverlags eintritt
- ein Psychoanalytiker, der sich nach 20 Jahren mit prall gefülltem Terminkalender und täglichen Patientengesprächen von der Routine befreit, um sich als Gutachter von psychologischen Einschätzungen der Berufskollegen zu etablieren
- Derjenige, der seine Branche liebt, aber mit zu viel Geradlinigkeit als Angestellter ständig in der Hierarchie aneckt, sollte den Schritt in die Selbstständigkeit in Erwägung ziehen.

Die Devise lautet: keine Bange vor Veränderungen. Neue Herausforderungen halten jung und sind das Salz des Lebens. Investieren Sie – wenn nötig – in eine Zusatzausbildung, um Ihrem beruflichen Dilemma zu entkommen. Die Wege sind vielfältig, beispielsweise für

- den Außendienstler, der als Schulungsleiter aufblüht,
- den Industriemanager, der als Fachhochschulprofessor mit einem höheren Freiheitsgrad arbeiten kann,

- den frustrierten Kundenbetreuer bei einer Bank, der als Family Office Manager für eine Unternehmerfamilie einen sicheren Arbeitsplatz findet,
- den innovativen Kieferorthopäden, der sich als Fabrikant einer neuen Zahnspangenart selbstständig macht,
- den Koch, der auf die andere Seite des Berufes wechselt und als Fachberater für ein Sanitärunternehmen in der Hotellerie und Gastronomie arbeitet.

Drei Empfehlungen

Für Ihre lebensbegleitende Ausbildung lege ich Ihnen folgende Punkte ans Herz:

1. Reisen Sie mindestens alle zwei Jahre in eine Region, in der Sie vorher noch nie waren. Haben Sie keine Angst vor fremden Kulturen. Sammeln Sie bewusst neue Erfahrungen.
2. Besuchen Sie interessante Seminare. Vorsicht jedoch, dass Sie nicht zu einem ewigen Seminaristen werden. Das kann zu einer Art Sucht werden. Dazulernen ist gut, aber Sie müssen nach einer Weile aus dem erweiterten Fachwissen einen Nutzen ziehen und das Erlernte in Ihrem Beruf mit Gewinn anwenden. Wählen Sie mit viel Sorgfalt passende Seminare aus, denn Ihre Zeit ist kostbar. Wenn Sie es richtig machen, werden Sie von manchem Seminarinhalt ein Leben lang profitieren. Da lohnt sich jede Teilnahmegebühr.
3. »Ohne Mentor schön dumm«, so habe ich es in meinem zweiten Buch, *Dieses Buch ist bares Geld wert,* in einem Kapitel beschrieben. Gehen Sie den Berufsweg nicht mutterseelenallein. Treten Sie nicht in jedes Fettnäpfchen, sondern machen Sie sich die Erfahrung anderer Menschen zunutze. Suchen Sie sich einen Mentor. Sie würden staunen, wenn Sie wüssten, wie viele der besonders erfolgreichen Unternehmer mit einem Mentor hinter den Kulissen arbeiten.

Das Ziel im Auge behalten

Falls Ihre Ausbildung nicht optimal verlaufen sollte, lassen Sie sich nicht gleich von Ihrem eigentlichen Berufsziel abschrecken. So mancher Praktikant oder Lehrling ist vom richtigen Berufswunsch abgekommen, nur weil er in einer schlecht organisierten Firma oder Abteilung mit miserablem Betriebsklima gelandet ist. Ein junger Hörgeräteakustiker, der in einem altmodischen Hörgeräteladen an einem langweiligen Ort arbeitet, sollte sich nicht davon abhalten lassen, an seinem hochgesteckten Ziel festzuhalten: eines Tages in der Direktion eines internationalen Hörgeräteherstellers in der Schweiz zu arbeiten. Sein Jahresgehalt soll eine Million Schweizer Franken betragen.

Sie halten das für unrealistisch? Aus meiner langen Berufserfahrung versichere ich Ihnen: Im Leben können Sie (fast) alles erreichen. Die richtige Ausbildung ist der Anfang.

Lektion 2
Bildung

Es geht um Ihr Niveau

Kommen wir nun zur Lektion 2, »Bildung«. Gemeint ist die Allgemeinbildung im weiteren Sinne. Sie wundern sich womöglich, was Bildung auf einem persönlichen Erfolgsfahrplan zu suchen hat, zumal das Wort »Bildung« keinen ansprechenden Klang genießt. Im heutigen Sprachgebrauch empfinden viele den Begriff als altmodisch. Im Unterton schwingt die Assoziation »eingebildet« mit. Manche Leser werden sich aus dem Geschichtsunterricht an das steife Bildungsbürgertum der Wilhelminischen Ära erinnert fühlen. Andere denken vielleicht an den Heinz-Rühmann-Film *Die Feuerzangenbowle* mit seiner verstaubten, universitären Professorenverherrlichung.

Lassen Sie sich nicht irritieren. Die Komponente »Bildung« ist zu allen Zeiten – und erst recht heute – einer der wichtigsten Schlüssel für ein erfolgreiches Leben. Dennoch werden Sie abfällige Bemerkungen hören wie diese: »Bildung, ja mein Gott, das ist doch eine Sache für Geisteswissenschaftler. Wozu brauche ich im modernen Zeitalter überhaupt noch Bildung? Hauptsache, ich komme in meinem Job klar. Und alles darüber hinaus, das finde ich doch im Internet.« Diese Sichtweise ist falsch.

Betrachten wir das Thema daher aus einem anderen Blickwinkel. Im Beruf werden Sie auf Kollegen oder Konkurrenten stoßen, die fachlich ihre Arbeit im Griff haben. Diese können genauso gut Texte redigieren, Anfragen beantworten oder Akten bearbeiten wie Sie. Es wird nicht ausbleiben, dass Spezialisten Ihren Weg kreuzen, die Ihnen auf Ihrem Fachgebiet überlegen sind.

Das ist aber nicht der springende Punkt. Langfristig sind solche fachbezogenen Kriterien nicht entscheidend. Denn Ihre Laufbahn wird ab einer gewissen Stufe in der Hierarchie oder Verantwortung nicht von Aspekten einer Sachbearbeiterbeurteilung abhängen. Ab diesem Moment kommt die (Allgemein-)Bildung ins Spiel. Den Ausschlag für überdurchschnittlichen Erfolg in Ihrer Karriere oder im Unternehmertum macht Ihr Niveau.

Das Niveau Ihrer Persönlichkeit ist das Resultat eines langen Prozesses, bei dem Sie sich – bewusst oder unbewusst – mit Ihrer Allgemeinbildung auseinandersetzen. Das Streben nach Bildung verhilft Ihnen zu einem besseren Durchblick. Salopp formuliert, zu dem Wissen, wie es im Leben wirklich läuft.

Es geht um den Blick über den Tellerrand und um das Verständnis für die Zusammenhänge, die sich jenseits Ihrer tagtäglichen Beschäftigung abspielen. Je besser Sie den Bildungs- und Kulturhintergrund verstehen, je mehr Sie die Gepflogenheiten der gesellschaftlichen Ordnung kennen, umso leichter werden Sie durchs Leben kommen.

Unterschiedliche Startbedingungen

In puncto Bildungsniveau gehen wir alle mit unterschiedlichen Bedingungen an den Start. Niemand kann sich sein Elternhaus und seine Kindheit aussuchen. Wir haben auch keinen Einfluss auf die Gene, mit denen wir zur Welt kommen. Es gibt begünstigte Menschen, die schon früh im Leben mit Bildungsaspekten in Berührung kommen, doch viele andere sind nicht so privilegiert und mussten erst später den Weg zu Themen der Allgemeinbildung finden.

Ich kann Sie beruhigen. Der Unterschied in den Startbedingungen, was Ihre Bildung angeht, ist kein Beinbruch. Wenn Sie es klug anstellen, werden Sie keine Probleme haben, jedes noch so große Bildungsdefizit auszugleichen. Ich möchte Ihnen das konkret veranschaulichen und skizziere dazu kurz meine eigene Erziehungs- und Bildungsgeschichte.

Aufgrund des Berufes meines Vaters bin ich international aufgewachsen: Kindergarten in London, Grundschulbesuch in Hongkong in englischer Sprache, später folgte eine Gymnasialausbildung in einem erstklassigen Internat. Das waren prägende Jahre.
Trotz all dieser ungewöhnlich guten Voraussetzungen hat sich der richtige Zugang zum Thema Bildung bei mir erst spät eingestellt. Ich war ein ziemlicher Ignorant, völlig einseitig auf berufsbezogene Qualifikationen erpicht. Lange Zeit hat es mir an der Einsicht um die Bedeutung eines guten Bildungsniveaus gefehlt. Im Erwachsenenalter hat es dann endlich »klick« gemacht. Ich habe mich fortan bemüht, meinen geistigen Horizont zu erweitern – und das tue ich bis heute mit Freude.

Es gibt keinen Grund, mit der Vergangenheit zu hadern. Auch wenn Sie es noch so schlecht in Ihrer Jugend angetroffen haben, machen Sie Ihrer Familie keine Vorwürfe. Alte Geschichten gehören ins Fotoalbum. Blicken Sie lieber nach vorn.

Lücken und Defizite

Wenn Sie Ihren derzeitigen Bildungsstand analysieren, dann werden Sie auf Lücken und Schwachstellen stoßen. Um diese sollten Sie sich kümmern. Dazu brauchen Sie ein »Korrekturprogramm«, das auf Sie persönlich zugeschnitten ist. Aus dem Kreis meiner Geschäftsfreunde habe ich dazu ein Beispiel für Sie.

Mein Freund, ein erfolgreicher Unternehmer, 76 Jahre alt, ist für mich ein Vorbild. Er stammt aus einer Handwerkerfamilie. Kurz vor dem Abitur verstarb sein Vater. Der Familienbetrieb hatte expandiert. Ein neues Geschäftshaus steckte mitten in der Bauphase. Der Tod des Vaters war eine Katastrophe, denn die Bankschulden drückten und die Bauten waren noch nicht fertiggestellt. Mein Freund musste in dieser prekären Notsituation sofort von der Schule abgehen.

Tag und Nacht ackerte er auf der Baustelle. Es gelang ihm die Firma zu retten, die Bauten wurden fertiggestellt und er übernahm die Leitung des Handwerksbetriebs.

Während seine ehemaligen Klassenkameraden an Universitäten studierten und ihre Karrieren antreten konnten, steckte mein Geschäftsfreund in dem kleinen Gewerbebetrieb fest. Und dies, obwohl er in seiner Schulklasse der intelligenteste Schüler gewesen war. Er fühlte sich vom Schicksal benachteiligt. Doch statt sein Los zu beklagen, analysierte er seine Situation messerscharf und entwickelte seinen Korrekturplan.

Er wollte mit dem Handwerksbetrieb seine Existenz absichern, doch die Einkommensmöglichkeiten waren limitiert und daran war nichts zu ändern, selbst mit noch so viel Fleiß. Mit diesen Aussichten war er nicht zufrieden. Deshalb bemühte er sich um internationale Projekte. Diese ermöglichten es ihm, bei bezahlten Kosten die Welt kennenzulernen, Kontakte zu knüpfen und Sprachen zu lernen. So baute er ein Netzwerk an internationalen Kontakten auf. Dieses pflegte er mit viel Einsatz. Er war zudem ein großzügiger Gastgeber. Im Gespräch mit seinen ausländischen Freunden hörte er gut zu. Er war an allem interessiert, was es über Land und Leute zu erfahren gab.

Um der finanziellen Enge seines Handwerksbetriebs zu entkommen, begann er an Wochenenden mit dem Bau einer zusätzlichen Gewerbeimmobilie. Durch geschickte Organisation und dank guter Bauqualität konnte er diese nach kurzer Bauzeit mit erheblichem Gewinn veräußern. Das Kapital investierte er in den folgenden Jahren in den Aufbau eines Gewerbeparks. Um seine Mieter und die Pflege der Anlage kümmerte er sich selbst. Ich schätze sein Privatvermögen inzwischen auf 50 Millionen Euro.

Als Ausgleich für seine fehlende Bildung startete er frühzeitig sein eigenes, systematisches Bildungsprogramm. Bis heute liest er bis zu vier Stunden am Tag querbeet alles, was ihm in die Finger kommt: Politik, Wirtschaft, Kultur, Wissenschaft, Auslandsnachrichten und alle nur denkbaren In-

> teressensgebiete. Sein Credo lautet: lesen, lesen, lesen. Ich kann mit Fug und Recht behaupten, dass mein Geschäftsfreund zu den gebildetsten Personen gehört, die ich kenne. Und dies, obwohl er nie eine Universität von innen gesehen hat. Heute geht er auf dem internationalen Parkett ein und aus. Auf Auslandsdelegationsreisen kann er es in Diskussionen mit jedem Minister, Konzernvorstand oder Universitätsprofessor aufnehmen. Übrigens: Seinen Handwerksbetrieb hat er heute immer noch.

Wenn Sie Ihre Potenziale im Leben richtig ausschöpfen möchten, brauchen Sie neben einer gründlichen Ausbildung ein gehöriges Maß an Allgemeinbildung. Wie Sie auf pragmatische Art und Weise dazu kommen, erfahren Sie in den folgenden Abschnitten.

Den Horizont erweitern

In Lektion 1 erwähnte ich bereits das Stichwort »Wanderjahre«, die hinsichtlich der Allgemeinbildung vielleicht von noch größerer Bedeutung sind. Nicht von ungefähr gingen Handwerksgesellen, Köche und Angehörige anderer Berufe in früheren Zeiten auf Wanderschaft.

Mein Großvater väterlicherseits kam als Zimmermannsgeselle zu Fuß durch die Schweiz und Tschechien. Das war vor dem Ersten Weltkrieg. Die vielfältigen Erfahrungen, die er dabei sammelte, und sein Interesse an Kultur und Geschichte der Länder bildeten die Basis für seinen späteren Erfolg als Architekt und Professor. Er erzählte mir, wie er erst bei seinen vielen Stationen in den Meisterbetrieben und privaten Haushalten begriffen habe, wie unterschiedlich Menschen im Beruf und im Privatleben sein können. Mit diesen Beobachtungen fand er als junger Mensch seine Orientierung.

Bei hanseatischen Kaufleuten gehörte es jahrhundertelang zum guten Ton, nach einer absolvierten Lehre am Stammsitz der Firma hinaus in die Welt geschickt zu werden. Die blutjungen

Exportkaufleute wurden je nach Branche an Orte wie Riga, Valparaíso, Shanghai oder Yokohama entsandt. In fremden Kulturen, auf sich gestellt, lernten sie ihre Begrenzungen und Defizite kennen. Ob die jungen Leute die Zeit vor Ort in dieser Hinsicht gut nutzten oder sich nach Feierabend dem Nachtleben ergaben, war ihre eigene Entscheidung.

Wanderjahre empfehle ich Ihnen ausdrücklich, gerade wenn Sie an Ihrem Heimatort dauerhaft vor Anker gehen wollen, ganz gleich, ob Sie der Familientradition folgen, um die Apotheke Ihrer Vorfahren in dritter Generation zu übernehmen, oder ob Sie in Ihrer Heimatregion die besten Voraussetzungen vorfinden, um dort eine Firma zu gründen.

Kein Grund zur Unruhe

Nüchtern betrachtet haben Sie alle Zeit der Welt, sich um Ihre Bildung parallel zu Ihrem Beruf zu kümmern. Nutzen Sie die Zeit zur Ausweitung Ihres Bildungsniveaus, wann immer es Ihnen möglich ist. In diesem Zusammenhang ist mir noch ein Gespräch gut in Erinnerung:

> Es war im Jahre 1982. Ich hatte ein Riesenglück. Mir wurde zur Berufsorientierung ein privater Gesprächstermin bei dem Vorstandsvorsitzenden eines Weltkonzerns in der Baubranche gewährt. Eine tolle Gelegenheit für mich als Berufsanfänger! Ich weiß noch genau, wozu mir der erfahrene Topmanager damals geraten hat: »Herr Elsässer, merken Sie sich eines. Sammeln Sie viel Erfahrung. Lassen Sie sich Zeit. Bis zum Alter von 40 Jahren ist alles ein Spiel.«
>
> Er wusste, wovon er sprach. Vor seiner Ernennung zum Generaldirektor hatte er mit seiner Familie acht Jahre in der Türkei und fünf Jahre in Südafrika gelebt. Dort hatte er große Bauvorhaben geleitet. Damals konnte ich nicht ahnen, dass mein Lebensweg ähnlich verlaufen würde: Ich habe mich erst mit 42 Jahren selbstständig gemacht.

Setzen Sie alles daran, mehr Lebensklugheit und Umsicht zu erlangen. Ihre Chancen steigen, je öfter Sie sich fragen: »Wie steht es um meine Bildung?«

Sie sind sich wahrscheinlich nicht im Klaren darüber, dass Sie im Berufsleben quasi unter permanenter Beobachtung stehen, vor allem wenn es mit Ihnen beruflich ordentlich vorangeht. Machen Sie sich keine Illusionen. Erfahrene Führungskräfte brauchen nur wenige Minuten, um sich ein Bild von Ihrem Bildungsniveau zu machen. Schon beim ersten Treffen kommen Profis treffsicher zu einem Urteil, was für ein »Vogel« da vor ihnen sitzt. Die Einschätzung Ihrer Fachkompetenz ist im Gespräch schnell abgehakt. Danach reagiert das Barometer auf die intellektuellen Schwingungen, auf Ihr Verhalten und auf Ihr Benehmen. Hier manifestiert sich Ihr Bildungsniveau.

Ihre persönliche Aufholliste

Gehen Sie ehrlich mit sich ins Gericht. Beobachten Sie mit wachen Augen und gespitzten Ohren, woran es Ihnen in puncto Bildung mangelt. Diese Defizite sollten Sie registrieren. Legen Sie eine Liste an. Diese Datei – nennen wir sie einmal Ihre persönliche Aufholliste – brauchen Sie niemandem zu zeigen. Ihre Wissenslücken und Ihre Verbesserungswünsche sind Ihre private Angelegenheit. Sie brauchen keine Minderwertigkeitskomplexe zu haben. Ganz im Gegenteil. Diese Liste wird zu Ihrem Masterplan.

Bei der Allgemeinbildung geht es nicht um eine reine enzyklopädische Wissensanhäufung. Vor allem »kleine Punkte« für Ihr Niveau scheinen mir wichtig. Ich denke da beispielsweise an

- Ihr Taktgefühl,
- Ihren Anstand,
- Ihre Umgangsformen,
- Ihre Wahrnehmung,
- Ihr Auftreten.

Es ist die Missachtung dieser vermeintlichen Kleinigkeiten, die Sie Kopf und Kragen im Beruf kosten kann. Ich habe selbst erlebt, wie lukrative Geschäftsverbindungen oder Beförderungen an einer Bagatelle im Verhalten gescheitert sind. Typischerweise erfährt der Betroffene nie,

- warum ein Geschäft nicht zustande gekommen ist,
- warum es mit der Berufung in den Vorstand einfach nicht klappen will, obwohl er auf der zweiten Hierarchieebene der beste Leistungsträger ist,
- warum er als loyaler Lieferant eines internationalen Konzerns bei Großaufträgen nicht berücksichtigt wird,
- warum es ihm nicht gelingt, das Vertrauen der kreditgebenden Bank zu gewinnen und ihm – trotz guter Finanzdaten – Expansionskredite verweigert werden,
- warum er bei hochrangig gestellten Persönlichkeiten kein Gehör findet, obwohl er gute Argumente hat.

Solche Konstellationen haben meist nichts mit Einsatz, Fleiß oder Fachkompetenz zu tun. Unausgesprochen gilt die Gepflogenheit, nicht offen über sensitive Themen zu sprechen, vor allem wenn diese Ihre Persönlichkeitsstruktur und Ihr Bildungsniveau betreffen. In einflussreichen Kreisen werden Sie von niemandem auf die Defizite in Ihrem Auftreten und in Ihrem Gesamtniveau aufmerksam gemacht werden. Diese Themen bleiben tabu. Sie müssen sich selbst darum kümmern.

Kleine Patzer, schlimme Folgen

Was sind das nun für Kleinigkeiten im Bildungsbackground, die Sie teuer zu stehen kommen können? Das Spektrum ist groß. Ich möchte Ihnen an dieser Stelle nur ein paar Fälle exemplarisch nennen, die ich alle mit Bestürzung erlebt habe:

- Festredner oder Vortragende mit unangenehmer oder zu leiser Stimme, nuschelnd, mit nervösem Auftreten

- unbedachte Umgangsformen
  - schwacher Händedruck oder verschwitzte Hände
  - schlaffe Körperhaltung
  - Vermeidung von Blickkontakt – Ihrem Gegenüber nicht in die Augen zu schauen, kann verheerende Folgen haben.
  - übergriffiges Verhalten – Ich werde nie vergessen, wie mich ein prominenter Sachbuchautor im Büro besuchte. Kaum eingetreten, knallte er sich ungefragt in den Sessel. Breitbeinig saß er genüsslich da, offensichtlich sehr von sich eingenommen. Er hatte sein neues Buch mitgebracht und wollte mir dieses freundlicherweise signieren. Er stand auf und ging an meinen Schreitisch. Ohne zu fragen, schnappte er sich meinen 600 Euro teuren Füllfederhalter und fing an, mit diesem das Buch zu signieren. Ich wäre beinahe in Ohnmacht gefallen! (Zur Erklärung für diejenigen, die sich mit Füllfederhaltern nicht auskennen: Die Ausformung der Feder verbietet den Gebrauch durch eine andere Hand als die des Besitzers. Die Benutzung durch eine fremde Hand kann das Schreibutensil schwer beschädigen. Bei Kugelschreibern und Bleistiften ist das kein Problem.) Der Mann ist seither bei mir unten durch. Auf weitere Treffen habe ich verzichtet.
  - verkniffene Gesichtszüge, düsterer Gesichtsausdruck
  - ungepflegte Zähne
  - schlechte Garderobe – ausgetretene Schuhe, ausgefranste Schnürsenkel, verbeulte Hosen, abgestoßene Hemdsärmel, farblich schlecht abgestimmte Kleidung
  - mangelhafte Tischmanieren – Den Suppenlöffel mit der Faust zu umklammern, kann in gehobenen Kreisen einem »Todesurteil« gleichkommen.
  - Damen nicht höflich zu begegnen – Es gehört immer noch zum guten Ton,
    - einer Lady in den Mantel zu helfen,
    - ihr den Stuhl anzureichen,
    - ihr den Vortritt in der Drehtür zu lassen,
    - eine ältere Dame in der Tischanordnung stets neben einem jüngeren Herrn zu platzieren.

Alles kalter Kaffee? Täuschen Sie sich nicht: Daran haben auch alle modernen Gepflogenheiten nichts geändert.

- Unpünktlichkeit
- arrogantes Auftreten
- schlechtes Zuhören
- kein Gespür für gute Gesprächsführung – Monologe zeugen von einem großen Ego. Ein Nonstop-Redefluss hat schon so manch guten Geschäftsvorgang im Keim erstickt. Die Mutter des texanischen Ölmilliardärs Boone Pickens (Amerika, 1928–2019) warnte einmal ihren Sohn: »Sohn, du redest zu viel. Du solltest mehr zuhören. Du weißt nicht einmal, wer deine Feinde sind.«
- kein angemessener Dank: Bei diesem Punkt muss ich an das Lebensmotto des großartigen Financiers Sir Moses Montefiore (London, 1784–1885) denken. *Think and thank* – denken und danken, das hat mir immer schon sehr imponiert. Meine Empfehlung für Sie lautet: »Wer früh gibt, gibt doppelt.«

Ihnen fallen sicher noch weitere Patzer ein. Mangelndes Wissen um Regeln und Gepflogenheiten lässt sich aber mit ein wenig Initiative und Achtsamkeit leicht beheben. Angeborene Handicaps oder persönliche Benachteiligungen lassen sich ebenfalls wettmachen. Dazu ein paar Tipps:

- Besuchen Sie einen Rhetorik- oder Phonetikkurs. Nehmen Sie gegebenenfalls Unterricht bei einem Gesangslehrer zur Verbesserung Ihrer Stimme. Denken Sie immer daran: Die meisten Menschen lassen sich von einer angenehmen oder sonoren Stimme leicht beeindrucken. Eine heisere Fistelstimme hingegen wird als unangenehm und wenig überzeugend empfunden.
- Besorgen Sie sich eine moderne Ausgabe des *Knigge* (das klassische Benimmbuch von Adolph Knigge stammt aus dem Jahr 1788). Die aktuelle Edition gibt Ihnen einen guten Einblick in heutige Anstandsregeln – eine lohnende Lektüre.
- Wenden Sie sich an eine Stilberatung, falls Sie in Fragen der Kleidung unsicher sein sollten.

- Generell im Beruf, aber besonders auf dem gesellschaftlichen Parkett fahren Sie mit der alten Weisheit gut: »Lächeln, auch wenn kein Grund.«
- Falls Sie sich erstmals in einer Situation befinden, in der Sie sich nicht auskennen, legen Sie nicht unbedacht los. Schauen Sie beispielsweise bei einem Galadiner, wie Ihre Tischnachbarn zur Rechten, zur Linken oder gegenüber mit dem Besteck hantieren, welche Gläser sie benutzen, und machen Sie es nach. So können Sie sich manchen Fauxpas ersparen.
- In der Konversation können Bonmots bei passender Gelegenheit die Stimmung heben. Tragen Sie immer einen Zettel mit drei guten Witzen im Sakko oder in der Handtasche bei sich. Wenn es dann so weit ist, verabschieden Sie sich kurz auf einen Gang zur Toilette. In der WC-Kabine schauen Sie auf Ihren Zettel und rufen sich Ihre Witze in Erinnerung. Für gepflegten Small Talk brauchen Sie keinen gewaltigen Wissensschatz. Ein gesundes Maß an Allgemeinbildung, Cleverness und ein paar Tricks werden Ihnen helfen, sich bei Empfängen und wichtigen beruflichen Zusammenkünften wohler in Ihrer Haut zu fühlen. Besonders in angelsächsischen Kreisen ist dies ein gewichtiger Punkt. Mein Vater verbrachte als Student einige Zeit in Oxford an einem der traditionellen Colleges. Aus seinen Erzählungen weiß ich, dass es in der englischen Oberschicht nichts Schlimmeres gibt, als *a bore* – ein Langweiler – zu gelten. Ein vernichtendes Urteil. Anzustreben ist *witty* – geistreich und unterhaltsam – zu sein. Das fällt vielen im deutschsprachigen Kulturraum schwer.
- Wenn Sie gesundheitlich nicht gut beieinander sind, halten Sie sich an die Maxime des Philosophen Oswald Spengler (Deutschland, 1880–1936), der sinngemäß meinte: »Wenn Sie nicht fit sind, dann treten Sie unter keinen Umständen auf.« Diesen Rat habe ich in jüngeren Jahren des Öfteren nicht beherzigt und es anschließend immer bereut.
- Sie müssen nicht alles wissen. Aber Sie sollten sich bewusst sein, dass sich Bildungslücken nachteilhaft für Sie auswirken können. Ihr Ziel sollte es sein, dass Sie selbstsicher auftreten können. Was meine ich damit? Falls Sie in einer Konversation oder Konferenz etwas nicht verstehen oder Sie beispielsweise ein Fremdwort nicht kennen,

dann sollten Sie nicht betreten wegschauen. Haben Sie keine Angst vor einer Blamage. Es gibt auch keinen Grund, im Gesicht rot anzulaufen. Parieren Sie mit der Frage: »Ach, das ist ja interessant, das wusste ich noch gar nicht. Können Sie mir das bitte näher erklären?« Wenn Sie dazu unverkrampft in der Lage sind, dann haben Sie viel erreicht und sind eine Station weiter in Ihrem Erfolgsfahrplan.

Menschliche Schwächen

Nach meiner Beobachtung sind gebildete Menschen besser in der Lage, Nein zu sagen. Sie haben ein Gespür entwickelt, das sie vor Fehltritten schützt. Eine Art inneres Echolot bewahrt sie vor Untiefen. Sie vertrauen auf ihr Wissen und ihren Erfahrungsschatz. Bei bedenklichen Berufsofferten oder dubiosen Geschäftsangeboten sind sie in der Lage, dankend abzulehnen. Es bereitet ihnen kein Kopfzerbrechen, Versuchungen zu widerstehen.

Das ist auch für Sie wichtig. Denn Sie sind auf Ihrem Weg zum Erfolg einem gefährlichen Dreigestirn ausgesetzt:

- der Eitelkeit
- der Besitz- und Geldgier
- dem blinden Ehrgeiz

Hüten Sie sich vor diesen drei Eigenschaften. Sie sind des Teufels! In meinem Leben habe ich mehrfach erlebt, wie Menschen sich nicht im Griff hatten. Mangels Umsicht und fehlender Bildung sind sie in die Falle gegangen. Im Rhein-Main-Gebiet konnte ich vor einiger Zeit ein typisches Beispiel beobachten.

Ein Konsumgüterkonzern hatte mit Führungsproblemen zu kämpfen. Nach dem Rausschmiss des Generaldirektors kam der Aufsichtsrat auf die Idee, den Finanzvorstand zum Vorstandsvorsitzenden zu ernennen. Der altgediente Finanzchef fühlte sich gebauchpinselt. Zudem wurde sein Gehalt deutlich angehoben. In völliger Missachtung seiner eigenen Schwächen nahm er die Beförderung an. Vor den Herausforderungen der exponierten Stellung eines Konzernlenkers verschloss er die Augen.

Finanzvorstände haben im Vergleich zu ihren Vorstandskollegen meist den besten Kontakt zum Aufsichtsrat. Sie verstehen es, sich vorteilhaft bei ihren Brötchengebern in Szene zu setzen. Ein intelligenter und meist introvertierter »Zahlenmensch« ist aber noch lange kein geeigneter Unternehmensführer – erst recht nicht für einen Marketing- oder Industriekonzern. Das Ende vom Lied: Nach einer Weile entpuppte sich die personelle Rochade als glatte Fehlbesetzung.

In einer solchen personellen Schieflage kommt es häufig zu folgendem Phänomen: Mit viel Aufwand wird versucht, die Defizite der Persönlichkeit zu übertünchen. Man versucht – so gut es geht – mit Hilfskrücken, die Situation einigermaßen zu retten. Ich kann vor solchen Abkürzungen und Taschenspielertricks nur warnen. Letztlich nützt das alles nichts. Sie können aus einem Turnschuh keinen Lackschuh machen. Man sollte die Intelligenz der Mitmenschen nicht unterschätzen. Glauben Sie mir, im Geschäftsleben merken die entscheidenden Leute im Handumdrehen, ob ein Generaldirektor authentisch auftritt oder nicht. Limitationen im Niveau der Person lassen sich nicht verbergen.

Ich veranschauliche dies anhand zweier Beispiele, die mir in lebhafter Erinnerung geblieben sind. Vielleicht entdecken Sie Parallelen zu eigenen Beobachtungen.

- »Aus leeren Fässern ist gut tönen«
  Nach mühsamen und teuren Coaching-Trainingsstunden legt der neu ernannte Generaldirektor auf der Pressekonferenz einen unnatürlichen Auftritt hin. Vor lauter Einstudierung kann er nicht mehr normal sprechen. Mit einer steifen Standardmasche versucht er, die Show zu retten.
- »Klug daherschwätzen«
  Beiratspositionen sind bei Vorständen beliebt, allerdings nicht so sehr wegen der zusätzlichen Tantiemen. Viel wichtiger ist

ihnen, dass sie in den Sitzungen neue Ansichten und Informationen zu hören bekommen. Zurück in der eigenen Firma schmückt sich der Vorstand dann mit fremden Federn. Tief Luft holend versucht manch schwache Figur, auf diese Weise Eindruck zu schinden und die Bedeutung der eigenen Position in der Firma zu unterstreichen. Dabei handelt es sich um ein dünnes Nachplappern, welches der gute Mann versucht, als eigene Weisheit zu verkaufen. Oft dauert es Jahre, bis ein solcher Blender vom Aufsichtsrat oder von der Eigentümerfamilie entlarvt wird.

Zurück zu Ihnen: Natürlich sollen Sie Ihr berufliches Potenzial voll ausschöpfen. Aber denken Sie daran, dass nicht jeder Weg, der sich Ihnen öffnet, zwingend richtig für Sie sein muss. Je mehr Sie auf Ihr Fingerspitzengefühl und Ihre Umsicht achten, umso leichter wird es Ihnen fallen, die richtige Entscheidung an solchen Weggabelungen zu treffen.

Sie werden in Ihrem Bemühen um einen breiteren Bildungshorizont auf nur wenige Menschen stoßen, die ähnlich denken wie Sie. Konzentrieren Sie sich ganz auf sich selbst. Legen Sie jeglichen missionarischen Eifer ad acta, Ihre Mitmenschen mit auf den Bildungsweg zu nehmen. Akzeptieren Sie, dass Sie im Berufsleben überwiegend von einem Typus Mensch umgeben sein werden, von dem es im Jiddischen heißt: »Er ist ein Mittelmensch. Er ist kein großer Weiser, aber auch kein kleiner Narr.« Etwas spöttisch, aber aus meiner Erfahrung treffend formuliert. Die Aussage hat es in sich. Führen Sie sich den Satz noch einmal zu Gemüte: »Kein großer Weiser, aber auch kein kleiner Narr – ein Mittelmensch!« – *Meinem Freund Hermann Alter, einem in der Tat »weisen Menschen«, möchte ich hier für diesen Hinweis danken.*

Vier pragmatische Vorschläge

Das Thema Bildung sollten Sie nicht als zusätzlichen Ballast empfinden. Es ist kein unangenehmer Punkt auf Ihrer To-do-Liste. Betrachten Sie das Streben nach Bildungsausweitung eher als eine lebensbegleitende Attitüde.

An dieser Stelle möchte ich Ihnen vier Ansätze aufzeigen, mit denen Sie in der Frage der Allgemeinbildung nachhaltig Fortschritte machen können:

1. Systematischer Angang
2. Zufallsbedingtes Vorgehen
3. Der Weg der kleinen Schritte
4. Ein Semester Eigenstudium

- Systematischer Angang
  Erstellen Sie eine Bildungsmängelliste, also Ihre persönliche Aufholliste. Finden Sie den richtigen zeitlichen Rahmen und Rhythmus, um die Punkte auf Ihrer Liste nach und nach abzuarbeiten. Manches werden Sie nach Feierabend erledigen können, als Alternative zum gewohnten Fernsehprogramm. Andere Themen behandeln Sie besser an einem regnerischen Wochenende. Und schließlich wird es Wissensgebiete auf Ihrer Liste geben, die sich für die Ferienzeit anbieten.
- Zufallsbedingtes Vorgehen
  Ich arbeite viel mit dieser Methode. Ich nenne sie »sich von Ast zu Ast schwingen«. Dabei gehe ich zufallsbedingt vor, das heißt, ich lasse mich bei der Erschließung neuer Wissensbereiche gleiten: Nach der Lektüre eines interessanten Buches gehe ich immer die Bibliografie durch. Dort stoße ich häufig auf vielversprechende Bücher. Deren Lektüre führt mich zu neuen Themen. Genauso halte ich es mit Interviews und Querverweisen, die ich mir in digitalen Medien anhöre.

  Dazu ein Beispiel: Als Student konnte ich öfter richtig lange »Bildungsketten« mit dieser »von Ast zu Ast«-Methodik entwickeln. Ich schaute mir im Jahr 1980 einen alten Hitchcock-Film an. Dadurch angeregt, besuchte ich eine Volkhochschulvortragsreihe über Hitchcocks Regietechnik. Diese Abende machten mich auf Hollywood neugierig, also suchte ich mir Lektüre über die Anfänge der Filmindustrie.

Dabei kam ich mit der politisch problematischen McCarthy-Ära (Amerika, 1947–1956) in Berührung. Dadurch wurde mein Interesse für ähnliche politische Ereignisse geweckt, zum Beispiel die Prohibitionszeit (Amerika, 1920–1933). In der Folge befasste ich mich mit der Historie der Firmen, die von der Prohibition betroffen waren. Das führte mich zur Person von Edgar Bronfman senior (Montreal, 1929–2013), dem Chairman des Alkoholkonzerns Seagram in seiner Zusatzfunktion als langjähriger Präsident des Jüdischen Weltkongresses. So wurde ich auf die Rolle der Schweizer Banken während des Zweiten Weltkriegs aufmerksam und beschäftigte mich daraufhin mit der Thematik der »herrenlosen Treuhandvermögen«. Und all diese Wissenserweiterung hatte mit einem Hitchcock-Film angefangen!

- Der Weg der kleinen Schritte
  Dies ist als ein Parallelprogramm zum Alltag für Sie gedacht. Der Weg der kleinen Schritte, der zu einer Gewohnheit werden kann. Ich verdanke diese Empfehlungen dem Frankfurter Gelehrten und Seelsorger Shlomo Raskin.
  - Wenn Sie an einer Fremdsprache interessiert sind oder im Beruf ausländische Kunden haben, sollten Sie pro Woche sieben neue Wörter lernen, gerne auch in exotischen Sprachen. Dann haben Sie nach zwei Jahren einen Wortschatz von etwa 700 Wörtern.
  - Während der Woche sollten Sie eine Stunde gute Musik hören. Nehmen Sie die Melodie bewusst wahr – nicht als Hintergrundmusik. Danach recherchieren Sie über den Komponisten oder Sänger.
  - Es wäre zu begrüßen, wenn Sie alle zwei Monate mit Freunden oder der Familie zusammenkämen. Jeder Anwesende sollte in einem fünfminütigen Vortrag die Vita einer lebenden oder verstorbenen Persönlichkeit kurz skizzieren.
  - Lesen Sie stets ein gutes Buch.

Als weiteren Punkt möchte ich auf neue wissenschaftliche Ansätze des Denkverhaltens hinweisen. Hier geht es darum, von den anerzogenen engen linearen Denkschemata zu einem kreativeren Denkvermögen zu kommen. Dazu sollten Sie bewusst Ihre wöchentliche Stundenverteilung überdenken. Nehmen Sie sich Zeit für:

- *physical time* – Sport oder körperliche Arbeit
  Gehen Sie dabei Ihrer Neigung nach und folgen Sie nicht irgendwelchen Verhaltensmustern. Mir macht beispielsweise Gartenarbeit große Freude. Am liebsten mag ich grobe Arbeiten wie Holz sägen, Erde umgraben, aber auch Rasen mähen (mit Kopfhörern). Unkraut jäten, Staudenbeete konzipieren und anlegen und ähnliche Arbeiten sind mir hingegen ein Gräuel.
- *play time* – unbelastetes Spielen, Kindliches zulassen
  Wann haben Sie das letzte Mal so richtig geblödelt? Halma, Mühle, Fang den Hut, Mensch ärgere dich nicht gespielt? Ich liebe Monopoly. Da kann ich mich richtig gehen lassen und – wie Generaldirektor Haffenloher (der Schauspieler Mario Adorf) der köstlichen Fernsehserie Film *Kir Royal* postulierte – »die Sau mal rauslassen«.
- *connecting time* – Eintauchen in unbeschwerte, soziale Kontakte, ohne Hintergedanken
  Wie heißt es oft in den sogenannten besseren Kreisen: »Wir haben keine Freunde. Wir haben nur nützliche Bekannte.« Über das Internet können Sie alte, wahre Freunde aus der Kindergarten- oder Schulzeit ausfindig machen. Vereinbaren Sie ein Treffen. Ich habe das viel zu wenig gemacht und bedauere das heute sehr.
- *Down time* – Phasen der Entspannung
  Finden Sie heraus, was Ihnen wirklich entspannte Momente beschert. Bei mir ist es das Spazierengehen durch Villenviertel oder auf schönen abwechslungsreichen Wanderwegen. Vielleicht liegt Ihnen eher die Meditation, das Musikhören oder eine Autofahrt ohne festes Ziel.

- *focus time* – konzentriertes Lernen
  Mir hilft es, einen freien Schreibtisch zu haben. Weg mit den Zetteln und dem ganzen anderen Kram, der sich im Lauf des Tages ansammelt. Wenn ich müde werde, hilft mir ein großes Kissen im Rücken (gegen die Stuhllehne). Diesen Trick habe ich mir bei dem legendären amerikanischen Fondsmanager Mark Mobius (86 Jahre) abgeschaut.
  Wie sehr wir in unseren linearen Denkschemata festgefahren sind, darauf machte mich mein jüngerer Sohn aufmerksam. In seinem Business-Masterstudiengang setzte er sich mit dem Thema intensiv auseinander. Anhand von Fallstudien führte er mir vor, wie viele Lösungsmöglichkeiten und Ideen aufgrund eines festgefahrenen Denkansatzes unberücksichtigt bleiben. Es war für mich ein echter Schock. Ich kann Ihnen nur anraten, sich mit dem Thema Creative Thinking zu befassen.

- Ein Semester Eigenstudium
  Jungen Menschen, die sich im Studium befinden oder ihre Ausbildung abgeschlossen haben, möchte ich einen unorthodoxen Vorschlag machen: Verbringen Sie ein Semester im Eigenstudium. Das hängt natürlich von Ihrer finanziellen Situation ab. Manche Eltern werden von der Idee vermutlich nicht begeistert sein. Ich kann Ihnen aber versichern: Wenn Sie sich einen vernünftigen Bildungsfahrplan zusammenstellen und sich zutrauen, diszipliniert einen strengen Tagesablauf ein Semester lang einzuhalten, dann werden Sie das nicht bereuen. Solch ein Semester ist keine vertane Zeit. Wahrscheinlich wird es Sie weiterbringen als sechs Monate im Hörsaal einer Universität. In meiner Familie haben wir mit dem Modell »Eigensemester« beste Erfahrungen gemacht, auch hinsichtlich der Persönlichkeitsentwicklung des jungen Menschen. Übrigens: Die Idee eines Eigensemesters empfehle ich auch allen, die im Beruf ein Anrecht auf ein Sabbatical (Sonderurlaub) haben. Nehmen Sie diese Möglichkeit in Anspruch, wenn sie sich bietet!

Ganz gleich, für welche der vier Methoden Sie sich entscheiden, gehen Sie auf Abstand zur Massenverdummung. Lassen Sie sich nicht einlullen. Stumpfen Sie nicht ab. Geben Sie sich einen Ruck und mobilisieren Sie Ihre Energie für gute geistige Nahrung – eben für Bildung. Sie werden schon den richtigen zeitlichen Rahmen finden.

Bildung hat einen weiteren Vorzug. Der Schriftsteller Kurt Tucholsky (Deutschland/Schweden, 1890–1935) hat es pfiffig formuliert: »Der Vorteil der Klugheit besteht darin, dass man sich dumm stellen kann. Das Gegenteil ist schon schwieriger.« Eine gesunde Beschäftigung mit Bildung hat nichts mit Snobismus zu tun. In Kombination mit Ihrer Ausbildung verhält es sich wie beim Eiskunstlaufen: Die Ausbildung ist die Pflicht, die Bildung ist die Kür. Doch nur wenn Sie in beiden Disziplinen brillieren, ist Ihnen ein Medaillenrang sicher.

Lektion 3
Leistung

Grundkonstitution und Biorhythmus

Im nächsten Schritt geht es darum, wie Sie Ihre Voraussetzungen, die Sie sich mit Ausbildung und Bildung geschaffen haben, bestmöglich nutzen. Was Sie »aus sich machen«. Das führt uns zu den Lektionen 3 und 4 – »Leistung« und »Wille«. Zweierlei ist zu beachten: einerseits Ihre *Leistungsfähigkeit* und andererseits Ihre *Bereitschaft zur Leistung*. Dies sind zwei unterschiedliche Komponenten. Beginnen wir in diesem Kapitel, der Lektion 3, mit Ihrer Leistungsfähigkeit.

Ich bin mir sicher, dass fast jeder Mensch über ungenutzte Leistungsreserven verfügt, habe aber festgestellt, dass dies von den meisten Menschen nicht so gesehen wird. Es herrscht generell eine viel zu negative Einstellung zur Leistung. »Ich bin eben nicht so leistungsfähig. Daran kann ich nichts ändern. Mehr ist bei mir nicht drin. Was soll's?« oder »Einen solchen Arbeitseinsatz, nein, den schaffe ich nicht« sind typische Aussagen, die ich zu hören bekomme.

Leistungsfähigkeit im Beruf hängt von vielen Faktoren ab, ist aber primär eine Frage

- der Gewöhnung und Übung,
- des Bewusstseins um den Wert der Zeit,
- der effizienten Nutzung der Stunden und

- der richtigen Einschätzung der physischen und geistigen Kapazitäten.

Ich empfehle Ihnen, sich zunächst mit einigen Aspekten Ihrer Grundkonstitution und Ihres Biorhythmus zu beschäftigen. Bekanntlich können kleine Maßnahmen große Wirkungen haben.

Ihr Biorhythmus

Nehmen Sie auf Ihren Biorhythmus Rücksicht. Der uniforme Arbeitstakt von acht Stunden am Tag, beispielsweise von 9 bis 17 Uhr, ist ein viel zu starres Arbeitsmodell. Je nach Veranlagung bieten sich manche Tätigkeiten in idealer Weise an, andere Berufe wiederum verbieten sich von vornherein: Wer als Importeur von Erdbeeren aus Israel auf dem Kölner Großmarkt reüssieren will, sollte mit Leichtigkeit im Morgengrauen aus den Federn kommen. Das ist ein Job für geborene Frühaufsteher. Auf der anderen Seite sind die Erfolgschancen für klassische Spätstarter in den Tag in der Nachtclubszene größer.

Ihre Grundkonstitution

Ihr Biorhythmus ist bei Ihren beruflichen Überlegungen eine wichtige Komponente. Lassen Sie deshalb Ihre physische Grundkonstitution im Verlauf Ihrer Berufslaufbahn untersuchen.

- Wo liegen Ihre gesundheitlichen Schwachstellen?
- Welche Organe sind bei Ihnen besonders anfällig?
- Sind Sie familiär vorbelastet, gibt es genetische Risikofaktoren für bestimmte Erkrankungen?

Das ist ein heikles Thema. Jeder möchte sich stark und unverwüstlich wie ein Ochse fühlen. Wenn man keine Wehwehchen verspürt, will man sich nicht gerne einer Bioanalyse unterziehen. Schließlich ist man ja nicht krank. Aber diese Bestandsaufnahme gehört genauso zu einem Erfolgsfahrplan wie die Einschätzung der Fremdsprachenkenntnisse und anderer Fähigkeiten.

Ich selbst war diesbezüglich früher ziemlich dumm. Was habe ich mich als Student geärgert, wenn mein Vater mich auf meine eher schwache Grundkonstitution hingewiesen hat. Ich musste mir anhören: »Jobs mit physisch starken Anforderungen sind nichts für dich.« Doch in meinen jugendlichen Träumen sah ich mich als Holzfäller in Kanada oder als Ölbohrfachmann in Saudi-Arabien viel Geld verdienen. Im Rückblick muss ich natürlich zugeben, dass mein Vater recht hatte. Er konnte meine Leistungskapazität besser einschätzen als ich.

Bewerten Sie Ihre Grundkonstitution nüchtern und emotionslos. Die Initiative müssen Sie ergreifen. Der Personalberater wird diese Analyse nicht für Sie übernehmen. Zur Verdeutlichung einige Beispiele:

- Mit einer schwachen Leber sollten Sie sich nicht auf eine Stelle als Vertriebsleiter Osteuropa bewerben. Der Wodka wird Ihnen arg zusetzen. Ihre trinkfesten Konkurrenten werden eher das Rennen machen.
- Mit einem nervösen Magen sollten Sie nicht anstreben, große Geschäfte in Asien an Land zu ziehen. Sie werden die stundenlangen Geschäftsessen mit exotischen Speisen nicht heil überstehen und somit Ihr Gesicht verlieren. Bei Ihren Geschäftspartnern sind Sie dann unten durch.
- Falls Sie am Bierkonsum keine Freude haben, sollten Sie sich gut überlegen, ob Ihnen eine Politkarriere in Niederbayern anzuraten ist.
- Wenn Sie Ihre Zeit am liebsten als Stubenhocker verbringen, werden Sie sich in einer dynamisch-sportlichen Unternehmenskultur nicht im Zentrum des Geschehens wiederfinden. Sportlich Ambitionierte, die sich in der firmeneigenen Fußball- oder Volleyballmannschaft nach Feierabend einbringen, fahren da deutlich besser.
- In modernen Nationen wird das Thema »Sport« generell großgeschrieben. Ein Freund von mir ist ein prominenter Headhunter in Schweden. Er berichtete mir aus seiner Praxis und den

Gesprächen mit Jobanwärtern: »Wenn ich erfahre, dass der Kandidat keinerlei Sport betreibt, kommt er nicht auf meine Empfehlungsliste. So ein Risiko übernehme ich erst gar nicht. Die heutigen Anforderungen an Führungskräfte sind ohne Fitness nicht darstellbar.«

Keine untertourige Gangart

Berücksichtigen Sie auch Ihre idealen Erholungsrhythmen. Legen Sie Wert auf eine Pausenregelung, die Ihnen guttut. Ich brauche zum Beispiel kleine Unterbrechungen während des Arbeitstages und bin schnell wieder regeneriert. Andere Menschen können 24 Stunden mit 20 Tassen Kaffee problemlos durcharbeiten. Wie steht es in diesem Punkt mit Ihnen? Ist von der Zeiteinteilung her bei Ihrer Tätigkeit alles im Lot? Achten Sie darauf, sich nicht gesundheitlich auszuräubern.

Eine andere Gefahr besteht darin, dass Sie weit unter Ihrer Leistungskapazität bleiben. Sie gewöhnen sich dadurch an eine untertourige Gangart. In der Personalbeurteilung heißt es dann, dass Sie keine Topleistung erbringen, und am Ende glauben Sie das auch noch selbst. Das darf nicht passieren. Der schöne Traum, dass Sie mit 48 Jahren beruflich Ihre Karriere krönen und »zum finalen Wurf ausholen«, wird so nicht in Erfüllung gehen.

Um dies zu vermeiden, überprüfen Sie bitte immer wieder, zu welchen Tätigkeiten Ihre physische Grundkonstitution passt. Machen Sie einen Bogen um Arbeitsbedingungen, die Ihrer Gesundheit zuwiderlaufen, ganz egal, wie verlockend das Jobangebot finanziell auch sein mag.

Denken Sie bei Ihrer beabsichtigten Berufslaufbahn an weitere gesundheitliche Aspekte:

- **Sauerstoffbedarf:** Kommen Sie mit einem Bürojob in geschlossenen Räumen zurecht? Oder geht Ihnen das Herz auf, wenn Sie sich an der frischen Luft bewegen können?
- **Klimaverträglichkeit:** Vertragen Sie extreme Hitze oder kommen Sie mit kalten Temperaturen besser zurecht? Je nachdem wären Sie als Fischgroßhändler in Bremerhavens Kühlhallen oder als

Pipelineschweißer in Alaska gut aufgehoben, so manchem wäre andererseits die Leitung einer Großbaustelle in der Hitze des Sudans anzuraten.

- **Psychische Konstitution:** Können Sie mit kultureller und sozialer Einsamkeit leben, zum Beispiel als Stationsleiter eines Logistikunternehmens in einer entlegenen Provinzstadt im tiefen Kongo, auf einem sogenannten Outpost? So mancher hoffnungsvolle Nachwuchsmanager ist in einem solch herausfordernden Umfeld dem Alkohol erlegen. Oder sind Sie doch mehr ein Gruppenmensch, der sich unter seinesgleichen wohler fühlt? Wie gut ertragen Sie Dunkelheit? Ich denke an Positionen wie Projektingenieur im Tunnelbau oder Vertriebsleiter einer Schraubenfabrik in Lappland, im hohen Norden Finnlands. Dort wird es im Winter kaum hell. Die psychologische Komponente ist auch bei modernen Jobs zu bedenken. International von überall aus arbeiten zu können, ohne jemals mit einem Chef oder Kollegen physisch in Kontakt zu treten, hat seinen Reiz. Die Zahl der im geografischen Freiraum tätigen Menschen wird in den nächsten zehn Jahren explosiv ansteigen. Überlegen Sie aber genau, ob ein solches Lebenskonzept zu Ihrer psychischen Veranlagung passt.
- **Neigung zu Kopfschmerzen:** In der Versicherungsbranche sollten Sie die Hochburg München mit seiner Wetterneigung zum Föhn meiden. Heuern Sie besser in der Assekuranz in Hannover, Coburg oder Hamburg an.
- **Nervenkostüm:** Sind Sie konfliktfähig? Wenn Sie ein Harmoniemensch sind, dann ist es vielleicht nicht erstrebenswert, die Karriereleiter bis ganz nach oben erklimmen zu wollen. Denken Sie daran: Je höher Sie in der Hierarchie einer großen Organisation tätig sind, umso mehr landet der ganze Mist auf Ihrem Schreibtisch. Alles, was glattläuft, regeln die unteren Etagen. Wenn diese sich an Problemen die Zähne ausbeißen, nicht mehr weiterwissen oder es richtig heikel wird, dann muss der Vorstand ran. Der tägliche Ärger ist vorprogrammiert. Ein typischer Harmoniemensch wird vielleicht als Spezialist in einer Nische glücklicher. Falls Sie sich in diesem Punkt unsicher sind, wenden Sie sich an einen branchenerfahrenen Mentor.

Die richtige Einstellung zur Arbeit

Unterstellen wir einmal Folgendes: Sie haben viel in Ihre Ausbildung und Bildung investiert. Zudem haben Sie eine sympathische Persönlichkeit. Sie treten sicher auf – ideale Bedingungen für die Zukunft. Das ist alles gut und schön. Am Ende entscheidet aber die dauerhafte Leistungsfähigkeit über Ihren beruflichen Erfolg. Das Steh- und Beharrungsvermögen sind in diesem Zusammenhang wichtige Faktoren.

Sie werden im Lauf Ihres Lebens immer wieder erloschene Wunderkerzen treffen: talentierte Menschen, die es trotz bester Bedingungen nicht geschafft haben. Der projektierte durchschlagende Erfolg ist ausgeblieben. Der New Yorker Investor Nelson Peltz (80 Jahre) sagt: »Die Welt ist voller talentierter Versager.«

Talent ist kein Ruhekissen, auf dem Sie sich ausruhen können. Es kommt auf die richtige Arbeitseinstellung an. Wenn Sie zu den erwiesenen Leistungsträgern in Ihrem Beruf gehören, achten Sie jedoch bitte auf eines: Verlieben Sie sich nicht in sich selbst vor lauter Stolz auf Ihre Schaffenskraft. Es ist gar nicht so selten, Anzeichen von Selbstüberschätzung und Größenwahn bei Spitzenkräften zu erkennen. Fehlendes Augenmaß kann desaströse Folgen haben. Werden Sie also nicht zu einem Egomanen! Sie sollten immer an den Satz des verstorbenen Basketballstars Kobe Bryant (Amerika, 1978–2020), denken: »Das Universum dreht sich nicht um Sie.« Oder, wie ein früherer Chef von mir süffisant mit spitzen Lippen die Entlassung eines Mitarbeiters kommentierte: »Er war doch zu sehr damit beschäftigt, seinen eigenen Kronleuchter zu putzen.«

Entscheidend ist, dass Sie immer Ihre volle Leistung abliefern. Und zwar bei genau der Arbeit, für die Sie einen Lohn erhalten. Es spielt keine Rolle, ob

- Ihnen der Job Spaß macht oder Sie zu Tode langweilt,
- Sie überqualifiziert sind und einen Karriererückschritt hinnehmen mussten,
- Sie bei Ihrer Arbeit weiterführende Perspektiven für sich sehen,
- Ihr Vorgesetzter gut auf Sie zu sprechen ist oder nicht.

Wer Sie bezahlt, dem schulden Sie Ihre volle und ganze Arbeitsleistung. Diese nüchterne Tatsache wird im Laufe eines langen Berufslebens leicht vergessen.

Falls Sie in Ihrem Job unzufrieden sind, dürfen Sie nicht aus Frust in die innere Kündigung gehen. Das wäre ein schwerer Fehler. Hüten Sie sich davor, aus Verärgerung auf einen 08/15-Minimum-Arbeitsmodus herunterzuschalten. So enttäuscht Sie auch über eine unfaire Behandlung sein mögen, eine trotzige und destruktive Arbeitseinstellung wird Ihrer weiteren Berufsentwicklung schaden.

Die früher gebräuchliche Berufsbezeichnung »Tagelöhner« bringt es auf den Punkt, denn auch heute sind abhängig beschäftigte Arbeitnehmer im Grunde nichts anderes. Das Arbeitsleben beruht auf der Übereinkunft: Für einen Tag einer ordentlichen Leistung gibt es genau für einen Tag einen Lohn (die Amerikaner sagen dazu *a hired hand* – eine angemietete Hand). In der modernen arbeitsteiligen Wirtschaft mit ihren Großkonzernen und hohen Monatsgehältern ist das ein wenig in Vergessenheit geraten.

Natürlich gibt es Situationen, in denen Ihr Frust berechtigt ist und auch nichts mit mangelndem Durchhaltevermögen zu tun hat. Wenn Sie beruflich in eine Zwickmühle geraten sind und es in einer bestimmten Position nicht mehr aushalten, dann rate ich Ihnen zu einer konstruktiven Haltung. Denken Sie geradlinig und konsequent über drei Alternativen nach:

1. Im Angestelltenverhältnis bitten Sie um eine Versetzung in eine andere Abteilung. Als selbstständiger Unternehmer verändern Sie schrittweise Ihre strategischen Prioritäten. Arbeiten Sie darauf hin, beispielsweise Ihren Kundenstamm zu verändern. Denken Sie an die 20:80-Regel: Welche Kundengruppe bringt Ihnen den eigentlichen Ertrag? Sind Sie wirklich auf jeden Cent Umsatz angewiesen?
2. Sie reichen als Angestellter Ihre Kündigung ein. Als Selbstständiger beenden Sie mutig auf der Stelle die Zusammenarbeit mit dem »Problemmacher«.
3. Falls Sie Ihren jetzigen Job, der Ihnen gerade Ärger macht, an sich lieben, dann verlassen Sie die Defensive und gehen zur

Attacke über. Graben Sie Ihre Hacken ein und weichen Sie nicht von der Stelle. Suchen Sie das Gespräch auf höherer Ebene. Tun Sie alles, um Missstände aufzudecken. Werden Sie ruhig einmal laut. Wenn Sie in der Sache recht haben, dann lassen Sie sich nicht mit den üblichen Beschwichtigungen abwimmeln.

Die Frage der Effizienz

Ihre Leistung beruht auf einer Kombination von zwei Faktoren:

1. Ihre Fähigkeit, sich im richtigen Job entfalten zu können, unter Berücksichtigung Ihrer Konstitution
2. Die »Zeit-Komponente«. Und hier kommt es auf den Umgang mit der Zeit an.

Betrachten wir Zeit einmal in einem größeren Zusammenhang. Seit jeher haben wir Menschen eines gemeinsam. Täglich benötigen wir etwa sieben bis neun Stunden Schlaf. Also steht allen Menschen ein Zeitkontingent von etwa 16 Stunden für ein aktives Leben zur Verfügung. In diesem Zeitraum ist jedoch das Ergebnis der Arbeitsleistung keinesfalls gleich. Sie werden es vermutlich auch schon festgestellt haben: Manche Menschen erledigen am Tag drei- bis fünfmal so viel wie andere. Die Unterschiede sind enorm, obwohl wir uns doch so ähnlich sind. Wir alle haben einen Kopf, zwei Arme, zwei Beine. Wir verfügen über ähnlich ausgeprägte Muskelkräfte. Auch unsere Lebensdauer ist statistisch gesehen sehr ähnlich. Unser Planet ist ja nicht wie in einem Science-Fiction-Roman von verschiedenen Wesen mit außergewöhnlichen Kräften bevölkert. Wie kann es also sein, dass die Leistungsergebnisse so unterschiedlich ausfallen? Wieso sind viele Menschen erfolgreich? Und wieso gelingt anderen so wenig, scheinbar von Pech und Unglück nur zu verfolgt?

Es ist eine simple Kalkulation: Wie viel Prozent von Ihren 16 aktiven Stunden können Sie tatsächlich mit Ihrer Leistung befeuern? Das hängt von dem Gesellschaftssystem und von der

Wirtschaftsordnung ab, aber auch von den Arbeitsbedingungen, die Sie vorfinden. Diese gestalten sich häufig konträr zu einer effizienten Leistungserbringung. Ich denke unter anderem an

- zeitraubende Fahrten zur Arbeit,
- ineffiziente Sitzungen und andere Zwangstermine, auch vom Homeoffice aus,
- eine demotivierende Unternehmenskultur, die zu mentaler Erschöpfung führt,
- mangelnde Identifikation mit Ihrer Arbeit und fehlenden Stolz auf Ihre Leistung,
- Zeiträuber aller Art, die Sie am Schaffen hindern.

Jede einzelne der täglichen 16 Stunden ist von ungeheurem Wert. Wie viel Leistung Sie erbringen, hängt also von der Anzahl der Stunden ab, in denen Sie wirklich leistungsstark sein können. Das ist die eine Komponente. Die andere Komponente ist die effektive Nutzung jeder Zeiteinheit. Dabei kommt es darauf an, dass Sie gut organisiert sind.

Schauen wir uns zunächst an, wie man es nicht machen sollte, weil es eine optimale Zeitverwertung behindert:

- **Zu viel Leerlauf:** Verlorene Sekunden und vertane Minuten graben Ihnen auf lange Sicht leistungsmäßig das Wasser ab.
- **Verzettelung:** Sie nehmen sich dauerhaft zu viel vor.
- **Falsche Prioritäten:** Sie haben für alles und jeden Zeit. Insgeheim sind Sie manchmal geradezu dankbar für jede Ablenkung. Doch Ablenkungen von der eigentlichen Arbeit schwächen Ihre Leistungsfähigkeit. Meist beginnt es mit einem schleichenden Prozess. Sie merken gar nicht, wie Sie immer unproduktiver werden – und auf einmal empfinden Sie Ihre Ineffizienz als normal.
- **Egopflege und Mogelpackung:** Hauptsache, das Image stimmt. Sie stecken viel Zeit in den Aufbau Potemkinscher Dörfer, um Ihr Renommee am Arbeitsplatz zu etablieren. »Land rauf, Land runter«, so heißt es ja schon bei Wilhelm Busch, »Böck ist wieder munter.« Bewundernd raunen Ihre Kollegen auf dem Bürokorridor: »Ach Gott, ist der Mann fleißig.«

- **Falscher Umgang:** Achten Sie darauf, mit wem Sie Zeit verbringen. Seien Sie vorsichtig und gehen Sie selektiv vor. Denken Sie an die alte Weisheit: »Eine halbe Stunde mit einem Narren verbracht, oftmals ein Leben lang gereut.« Schließen Sie sich nicht gleich jeder Karawane an. Halten Sie sich von konspirativen Gruppierungen innerhalb des Kollegenkreises fern. Besonders gefährlich sind verlängerte Geschäftsbesprechungen an der Hotelbar, zu später Stunde mit starkem Alkoholzuspruch. Denken Sie an die alte Regel: Mitgegangen, mitgefangen, mitgehangen.
- **Unsinnige Vorhaben:** Beteiligen Sie sich nicht an aussichtslosen Projekten und fragwürdigen beruflichen Vorhaben. Behalten Sie auch hier eine alte Weisheit im Hinterkopf: »Die Esel sind ausgezogen, um Hörner zu suchen, und sind ohne Ohren heimgekehrt.«

Von rechts und links dürfen Sie keinen Ansporn erwarten. Meiner Frau ist es auf ihrer ersten Praktikantenstelle in der öffentlichen Kommunalverwaltung beispielsweise so ergangen: »Junge Frau, arbeiten Sie bitte bloß nicht zu schnell«, lautete die Begrüßung in der Beamtenrunde am ersten Arbeitstag.

Nur eine Kiste am Tag

Wer vorankommen will, muss viel leisten. Das geht nur mit totaler Fokussierung auf die zu bewältigende Aufgabe. Mein Motto »Nur eine Kiste am Tag« kann man sich gar nicht oft genug in Erinnerung rufen. Das bedeutet: Nehmen Sie sich nicht zu viel vor. Aber das, was Sie angehen, erledigen Sie professionell. Konzentration und zügiges Arbeiten sind eine andauernde Übungs- und Trainingssache.

Zwei kleine Empfehlungen können Ihnen dabei helfen, der jeweiligen Aufgabe Ihre volle Aufmerksamkeit zu schenken:

1. Es hat viel mit dem richtigen Hinhören und Hinschauen zu tun. Wenn Sie sich diese Art von Aufmerksamkeit angewöhnen, haben Sie die halbe Schlacht gewonnen. Erfahrungsgemäß sind Ihre Kollegen mit ihren Gedanken meist woanders und verstehen gar nicht, worum es geht.

2. Wenn Sie arbeiten, sollten Sie alles ausblenden, was nicht mit der konkreten Aufgabe in diesem Moment zu tun hat. Ein amerikanischer Rabbiner nannte es einmal *to utilize the full moment* – den Augenblick voll und ganz nutzen. Nur die vollständige Mobilisierung Ihrer geistigen Kräfte ermöglicht dauerhafte Spitzenleistung. Das bedeutet, dass alles, was Sie noch vor einer Stunde bewegt hat, und alles, was in zwei Stunden auch an Unangenehmem auf Sie warten mag, derzeit nichts in Ihrem Kopf zu suchen hat. Die vollen 100 Prozent Ihrer Konzentration, auch die hinterste Gehirnzelle, gehören der konkreten Aufgabe, sind diesem Augenblick gewidmet. Dieselbe Fokussierung auf den Moment schulden Sie Ihrem Gegenüber bei einem Gespräch.

Leistung und Gemütslage

Wer sich bemüht, leistungsorientiert zu leben, sollte im Beruf nicht »bedenkenlos reinhauen«. Werden Sie also nicht zum blinden Arbeitstier. Achten Sie stattdessen auf Ihre Leistungsfähigkeit und versuchen Sie, diese intelligent zu steigern. Wenn Sie aber feststellen, dass Sie mit Ihrer Leistungsfähigkeit mehr und mehr Probleme bekommen, dann sollten Sie das ernst nehmen. Das ist in der Regel ein Warnsignal.

Es ist keine kluge Strategie, den Kopf einzuziehen und mitanzusehen, wie Sie immer mehr unter Druck geraten. Weit verbreitete Glaubenssätze wie »Das Leben ist nun mal schwer« oder »Eine starke Leistung erfordert natürlich einen harten Einsatz« sind Blödsinn. Sie spiegeln eine fatale Fehlprogrammierung in der Einstellung zu einer effizienten Arbeitsweise wider.

Aspekte der Leistung

Das führt uns zum nächsten Aspekt der Leistung: Warum sind so viele Menschen mit ihrer beruflichen Situation nicht glücklich? Hier gibt es einen Zusammenhang mit der Art und Weise, wie Sie leistungsmäßig zurechtkommen.

Es ist ein bedrohlicher Zustand, falls Sie – aus welchem Grund auch immer – daran gehindert werden, Ihre kostbare Zeit so zu verbringen, wie Sie es sich wünschen. Es ist pures Gift, wenn Sie das Gefühl beschleicht, auf dem falschen Dampfer gelandet zu sein. Das hat übrigens nichts damit zu tun, ob Sie abhängig beschäftigt oder selbstständig tätig sind. Das Gefühl, am falschen Platz zu sein und nichts Wirkliches zu leisten, wird sich in Ihre Gemütslage tiefer hineinbohren.

Wir sprachen vorhin von dem »guten Tagwerk«. Wenn Sie am Abend nach Hause kommen mit der inneren Befriedigung,

- etwas geleistet zu haben,
- bald etwas zu einem erfreulichen Abschluss bringen zu können,
- etwas für Ihr Team beigetragen zu haben,
- an etwas Wichtigem beteiligt zu sein, ganz gleich, wie lapidar Ihr Beitrag dabei sein mag,

dann ist das für Ihre Gesundheit, Ihr Wohlbefinden und Ihre Leistungsfähigkeit die beste Medizin.

Setzen Sie alles daran, Ihr Berufsleben entsprechend zu gestalten. Sinistere Gedanken über den Sinn Ihrer Existenz kommen dann erst gar nicht auf. Leben Sie in dem beruhigenden Bewusstsein, dass Ihre schöpferische Veranlagung tief in Ihnen verankert ist. Mit einer guten Leistung durch den Tag zu gehen, etwas Sinnvolles zu schaffen und dafür Anerkennung zu erhalten, ist ein Grundbedürfnis jedes Menschen.

Verlockungen am Wegesrand

Erliegen Sie keinen Verlockungen, die Sie auf Abwege führen wollen, etwa Jobofferten oder Karriereleitern, bei denen Zweifel angebracht sind, ob Sie auf diesem Weg eine konstruktive Leistung erbringen können. Fragen Sie sich in solchen Fällen, ob Sie eines Tages mit Stolz auf Ihre Tätigkeit zurückschauen können.

Wir sind nun an der Stelle, von der ich im Vorwort des Buches gesprochen habe: Wahrscheinlich werde ich einigen Menschen auf den Schlips treten. Da ich das Glück hatte, schon früh in meinem Leben Persönlichkeiten von hohem gesellschaftlichem Rang aus nächster Nähe in intimen Kreisen zu »studieren«, erlaube ich mir ein nüchternes Urteil. Als unabhängiger Investor kann ich die Wahrheit angstfrei aussprechen. Ganz bewusst habe ich mir diese Freiheit nach und nach erarbeitet. Geschäftlich bin ich von niemandem abhängig. Ich gehöre keiner Partei an. Sie werden meinen Namen auf keiner Mitgliederliste von Verbänden, Clubs oder Vereinigungen à la Rotary, Lions oder Ähnlichem finden. (Ich leiste mir lediglich zwei Ausnahmen: Mit Freude bin ich Mitglied im traditionsreichen Ostasiatischen Verein Bremen sowie im Goodwood Road Racing Club des Duke of Richmond in Sussex, England).

Viele Berufswege und Tätigkeiten sehe ich kritisch hinsichtlich einer stimmigen und sinnhaften Lebensführung. Hierzu möchte ich exemplarisch für andere personelle Fehlentwicklungen in der Wirtschaft, in Politik und in Non-Profit-Organisationen einen klassischen Standardtyp beschreiben. Für ein besseres Verständnis überzeichne ich die Darstellung bewusst plakativ: die klassische Polit- und Funktionärskarriere.

Unverdient, ohne das nötige Format und Fachwissen zu besitzen, vor dem Hintergrund eines unzureichenden Erfahrungsschatzes ergattern manche Menschen, meist dank Parteibuchzugehörigkeit, lukrative Pöstchen. Einmal oben angekommen, gilt das Augenmerk der Absicherung ihrer Stellung. »Drankommen und dranbleiben« lautet die Devise. Darüber hinaus schielen sie auf das Feld möglicher Pfründe mit lukrativerer finanzieller Ausstattung. Entsprechende Beziehungen werden rechtzeitig aufgebaut und gepflegt. Man zeigt sich konziliant und erkenntlich, um Brücken zu bauen, die beispielsweise zu Führungspositionen in der Großindustrie oder in den politischen Stiftungen führen. Auch hoch bezahlte Beratungsmandate sind ein typisches Ziel. Hinter der glanzvollen Fassade dieser machtverliebten Menschen sieht es traurig aus. Ständig sind sie in Sorge, dass auffallen könnte, wie unfähig sie eigentlich sind und wie weit sie sich außerhalb ihrer Kompetenz bewegen. Die Angst vor Entlarvung und einer öffentlichen Blamage sitzt ihnen im Nacken. Der Gedanke »Hoffentlich merkt es keiner!« begleitet sie durch den Tag. Im Rückspiegel wird geschaut, ob jemand ihnen ein Beinchen stellen könnte. Gefahren lauern in Aufsichtsgremien und bei Vorgesetzten. Vorsicht ist vor neidischen Widersachern und Nachrückern in der Organisation geboten. Mit allen Mitteln klammern sich diese Menschen an Seilschaften, in denen sie sich abzusichern versuchen.

Irgendwann fällt es diesem Typus schwer, morgens in den Spiegel zu schauen. Daran ändern auch die – im Vergleich zu anderen Berufsgruppen – üppigen Pensionszusagen nichts. Der fade Beigeschmack, dass man sich etwas ergaunert haben könnte, lässt sich nicht verleugnen. Es ist gar nicht so selten, dass diese Herrschaften im Alter zu ihrem eigenen Schreckgespenst mutieren. Im Endeffekt haben sie ein unehrliches Berufsleben verbracht; einen echten Leistungsbeitrag hat es nicht gegeben. Häufig bleibt nur der Halt an einer Lebenslüge oder die Flucht in den Alkoholismus, Drogenkonsum und in ähnliches Suchtverhalten. Nicht von ungefähr kracht das Kartenhaus der Polit-Trittbrettfahrer bei politischen Regimewechseln häufig zusammen. Typischerweise steigt dann die Selbstmordrate in diesem Berufszweig. Das können Sie in der Weltgeschichte in verschiedenen Epochen nachlesen.

So viel zum Thema »Ein Leben abseits der Leistung«. Aus meiner Erfahrung ziehen sich diese Menschen gegenseitig magnetisch an. Sie riechen förmlich, wer auf dem gleichen Ticket fährt. »Echte Leistung und Fachkompetenz – nein, danke«, lautet die unausgesprochene Parole. Wehe, wenn Sie mit einer anderen Einstellung in solche Kreise geraten!

Der verstorbene Vater eines Schulfreundes, ein ausgewiesener Finanzexperte, hat dies am eigenen Leib erlebt. In den 1970er-Jahren errang er ein Bundestagsmandat. Aufgrund seiner Berufserfahrung wurde er in den Haushaltsausschuss des Bundestages nominiert. Erwartungsvoll freute er sich darauf, in den Sitzungen seine Fachkompetenz einzubringen. Doch schon nach kurzer Zeit erfuhr sein Enthusiasmus einen harten Dämpfer. Er wurde systematisch von den alten Polithasen bei seinen Vorschlägen ausgebremst und überstimmt. Hitzige Diskussionen endeten regelmäßig mit dem Appell: »Herr S., Sie mit Ihrem Sachverstand! Hören Sie doch endlich auf damit!« Frustriert legte er sein Bundestagsmandat vor Ablauf der Wahlperiode nieder und verabschiedete sich von der Politik für immer.

Natürlich gibt es nicht leistungsbezogene Lebenskonzepte auch außerhalb der Politszene. Sie haben sicher eigene Beobachtungen dieser Art machen können. Bei Zusammenkünften von Vertretern der Wirtschaft und der Beamtenschaft brauche ich beispielsweise nicht länger als fünf Minuten, um zu erkennen, wer aus welchem »Stall« kommt.

Trotz aller Privilegien und finanzieller Absicherung bemerke ich bei den Menschen des politischen Lagers im tiefsten Inneren Minderwertigkeitskomplexe. Nach meiner Ansicht liegt eine seltsame Mischung aus Bewunderung und Neid gegenüber den souveränen und unabhängig erfolgreichen Menschen vor. Das ist ein gefährlicher psychologischer Knoten, den diese Berufsgruppe mit sich schleppt. In friedlichen Zeiten macht er sich durch Missgunst bemerkbar. In totalitären Regimen äußert er sich in üblen Gelüsten nach Enteignung, Besitzgier, Vertreibung und noch Schlimmerem. Ich erspare Ihnen die Namen der Regierenden und Nationen, bei denen man dieses Phänomen derzeit beobachten kann.

Bei diesem konkreten Beispiel habe ich etwas ausführlicher ausgeholt, ich hoffe, Sie sehen mir dies nach. Warum die anschauliche Darstellung? Es ist mir wichtig, Ihnen aufzuzeigen, dass Ihnen Laufbahnen und Karrieren offenstehen, bei denen Ihre Leistungsfähigkeit *nicht* ausschlaggebend ist. Sie haben die freie Wahl!

Verleihen Sie Ihrer Sache mehr Nachdruck

Nach der eher philosophischen Betrachtung im vorangegangenen Abschnitt möchte ich Ihnen nun einen Vorschlag zur Leistungsoptimierung machen. Vielleicht hilft Ihnen dieser im Alltag.

Wenn Sie vor einem Problem stehen und an dem Punkt angelangt sind, an dem alles hinreichend erörtert worden ist:

- Wie lange grübeln Sie dann noch weiter,
- wann sollten Sie zur Aktion schreiten und
- wann ist es an der Zeit, die Lösung des Themas anzugehen?

Die Antwort lautet: Sofort. Ja, ja, werden Sie sagen, das ist doch bekannt. »Was du heute kannst besorgen, das verschiebe nicht auf morgen« – der Spruch aus der Grundschulzeit ist Ihnen noch in Erinnerung. Aber in der Praxis, in Ihrer gelebten Realität: Wie sieht es mit der konsequenten Umsetzung dieser Erkenntnis aus?

Der radikale Schritt, anstehende Aufgaben sofort in Angriff zu nehmen, ist ein entscheidender Aspekt bei der Maximierung Ihrer Leistungsfähigkeit. Machen Sie sich diese Haltung zu eigen, und zwar in allen Lebenslagen. Gewöhnen Sie sich an, nichts mehr

- auf die lange Bank zu schieben,
- zu verdrängen oder erst einmal ad acta zu legen,
- auf die schon übervolle To-do-Liste zu setzen.

Werden Sie stattdessen aktiv – jetzt und sofort –, wenn Sie um die Erledigung der Angelegenheit sowieso nicht herumkommen. Nehmen Sie das bitte wörtlich. »Jetzt und sofort«, das heißt umgehend.

In dem Zusammenhang fällt mir eine alte jüdische Anekdote ein.

> Herr Grün kann nicht einschlafen. Es ist Mitternacht. Er schuldet seinem Nachbarn, Herrn Blau, Geld. Am nächsten Morgen ist der Betrag fällig. Er kann aber nicht zahlen.
>
> Grün wälzt sich im Bett hin und her.
>
> Genervt fragt ihn seine Frau: »Was ist los mit dir, wieso schläfst du nicht?«
>
> »Ich muss morgen dem Blau Geld zahlen und hab es nicht.«

Kurz entschlossen springt Frau Grün aus dem Bett. Sie öffnet das Fenster und ruft mit lauter Stimme rüber zum Nachbarn: »He, Blau, wach auf. Mein Mann, der Grün, kann morgen nicht zahlen.« Sie schließt das Fenster, legt sich ins Bett und sagt zu ihrem Gatten: »Siehst du, jetzt ist es der Blau, der schlecht schläft.«

Verkürzen Sie den Zeitraum zwischen Ihrem Entschluss und der Umsetzung. Lassen Sie sich im Falle einer wichtigen Angelegenheit beispielsweise nicht von einer tiefen Nachtstunde abhalten. Bringen Sie Ihre Gedanken sofort zu Papier, selbst wenn es 1 Uhr nachts wird. Daran werden Sie nicht sterben. Verschieben Sie nichts auf den nächsten Tag, wenn es Sie drückt. Denken Sie an Herrn Grün.

Hier muss ich an einen Vorfall denken, aus der Zeit, als mein Vater deutscher Botschafter in Kairo war (1986–1990) und ich ihn im Jahre 1988 besuchte. Nach einem gemütlichen Abendessen in der Residenz ging ich zeitig zu Bett. Mitten in der Nacht, es war etwa 2 Uhr früh, hörte ich Geräusche im Flur. Ich stand auf und schaute nach. Mein Vater stand da, in vollem Ornat.

Ich fragte: »Was ist denn los?«

Mein Vater erklärte mir, dass er Glück habe. Seit Wochen habe er sich bei dem ägyptischen Landwirtschaftsminister um einen wichtigen Termin bemüht. Dieser sei ihm nun endlich gewährt worden. Der Minister empfing meinen Vater um 3 Uhr nachts!

Am nächsten Morgen berichtete mir mein Vater: »Stell dir vor, das Vorzimmer wimmelte nur so von Menschen. Ich war da nicht der Einzige.«

Ich staunte nicht schlecht. Heute ist mir klar: Ein bedeutsames Arbeitspensum ist häufig nur unter Ausnutzung ungewöhnlicher Arbeitszeiten zu bewältigen. Weltweit gar nicht so selten!

Zwei weitere Beispiele dazu:

- Sie arbeiten als Führungskraft schon lange Jahre bei Ihrem Arbeitgeber und machen sich Gedanken, wie es mit Ihrer Karriere weitergehen soll. Sie sind sich über Ihre Berufsperspektiven und Ihren Marktwert unsicher. Statt hin- und hergerissen mit der quälenden Unsicherheit schwanger zu gehen, kontaktieren Sie besser noch am gleichen Abend einen Headhunter und tragen ihm Ihr Anliegen vor.
- Sie fühlen sich in Ihrer Heimat nicht mehr wohl. Ihnen kommt der Gedanke auszuwandern. Portugal gefällt Ihnen. Nach wochenlanger Internetrecherche tragen Sie Ihre Überlegungen im Familienkreis vor. Was sollte das Ergebnis dieser Familienzusammenkunft sein? Entweder ziehen Sie danach einen Schlussstrich unter das Vorhaben und legen es zu den Akten oder Sie buchen einen Städtetrip nach Lissabon für die ganze Familie. In den nächsten Schulferien lernen Sie dann Land und Leute kennen.

Verleihen Sie Ihren Vorhaben grundsätzlich Nachdruck. Sie werden erleben, wie Sie das beflügeln wird. Ich wäre überrascht, wenn Sie nicht innerhalb kurzer Zeit ungeahnte Energien freisetzen würden. Sie werden Ihre Leistungsfähigkeit in einem ganz anderen Licht sehen. Mit Elan werden Sie sich fragen: »Wie könnte ich noch mehr schaffen? Ich bin zwar schon so gut wie ausgelastet, aber warum nicht?« Sie werden das Leben mit seinen Möglichkeiten aus einer Position der Stärke ganz anders und positiv empfinden.

Integrieren Sie das Thema Leistungsfähigkeit in Ihr Leben. Je mehr Sie Ihre schöpferische Urkraft zum Schwingen bringen, umso eher werden Sie in dem Bewusstsein leben, Ihre Bestimmung gefunden zu haben.

Lektion 4
Wille

Willens und bereit zur Leistung?

In dieser Lektion geht es um Ihren Willen, also den Grad Ihrer Leistungsbereitschaft. Ausbildung, Bildung und Leistungsfähigkeit nützen nichts, wenn Sie Ihre Befähigungen letzten Endes nicht mobilisieren.

Warum fällt es manchen Menschen leichter als anderen, ihr Potenzial auszuschöpfen? Der zentrale Punkt ist der Wille. Dieser ist nicht mit Wünschen oder Träumen zu verwechseln. Wunsch und Wille sind zwei Paar Schuhe.

Woher stammt also die Einstellung, willens zu sein, etwas zu tun? Es ist wichtig, diese Frage zu klären. Starten wir mit einer gründlichen Analyse, um der Sache auf den Grund zu gehen. Die Menschen lassen sich unter anderem in vier Kategorien einteilen. Der Staatsmann und Diplomat, Charles-Maurice de Talleyrand-Périgord (Paris, 1754–1838), ordnete seine Mitmenschen wie folgt ein:

1. klug und fleißig
2. klug und faul
3. dumm und fleißig
4. dumm und faul

»Dumm« ist an dieser Stelle nicht despektierlich gemeint, sondern im Sinne von »nicht sonderlich intellektuell« oder »weniger begabt« zu verstehen.

Nun, Sie werden vielleicht schmunzeln. Oder sind Sie schockiert? Finden Sie die Aussage arrogant und überheblich? Es geht nicht um gute oder schlechte, wünschenswerte oder abzulehnende Eigenschaften. Sie sollten sich nicht in die Defensive gedrängt fühlen. »Also, dumm und faul, das ist meine Schwester ja bestimmt nicht«, so oder ähnlich werden Sie im Familienkreis zu hören bekommen. Keiner legt den Finger gern in die Wunde.

Es geht nicht um eine Rangordnung. Hier wird keine Skala erstellt, die von oben nach unten verläuft. Vielmehr wollen wir ergründen, woher der Wille zu einer erfolgreichen Lebensleistung stammt. Und dabei hilft uns eine ehrliche Zuordnung im Rahmen dieser vier charakteristischen Grundtypen des Menschen. Diese werden auf den darauffolgenden Seiten näher betrachtet. Aber beschäftigen wir uns zunächst einmal nur mit dem Begriff »fleißig«.

Menschen vom Urtypus »fleißig« fühlen sich nach einer Weile unwohl, wenn sie nicht mehr fleißig sein können. Das ist typischerweise dann der Fall, wenn sie nichts mehr zu tun haben. Diesen Menschen ist von dem Ziel, im Lauf der Zeit weniger zu arbeiten, dringend abzuraten. Für die Wahl des Berufes und der Branche ist das von fundamentaler Bedeutung.

Als Konsequenz empfiehlt sich bei einer grundsätzlich fleißigen Grunddisposition eine Tätigkeit, die kontinuierlich, am besten jeden Tag, die volle Aufmerksamkeit fordert.

Ich erinnere mich an ein Gespräch mit einem bedeutenden Fabrikanten in der Süßwarenindustrie. Obwohl er Geschäftsführer eingestellt hatte, war er von früh bis spät von den Belangen seines Unternehmens eingespannt. Seine Fabrikationsanlagen liefen 365 Tage im Jahr. Hinter den Kulissen gab es täglich Wichtiges zu erledigen. Obwohl er längst steinreich und in keiner Weise auf ein Arbeitseinkommen angewiesen war, strotzte er vor Tatkraft und Schaffensdrang. Wir saßen eines Tages in der Business Lounge eines Airports, denn unser Flug hatte Verspätung. Zufälligerweise kamen wir auf die Modeindustrie zu sprechen. Der Süßwarenkönig verzog das Gesicht: »Die Modeschöpfer haben so ein schrecklich saisonales Geschäft. Mit Hochdruck müssen die armen Teufel ihre Kollektionen zweimal im Jahr auf den Markt bringen. Danach haben sie ein bis zwei Monate nichts

> zu tun. Also, Herr Elsässer, so ein Leben – grässlich! Ich wüsste mit der ganzen freien Zeit gar nichts anzufangen. In der Branche wäre ich schon längst gestorben.«

Sinnvoll erscheint auch, Projekte und Aufgaben anzugehen, die viel Zeit in Anspruch nehmen und den Betroffenen lange auf Trab halten. Denn diese Menschen sind für dynastisches Denken, für die Verwirklichung langfristiger Ziele prädestiniert. Ich nenne das »Wirken über den eigenen Tod hinaus«.

> Im vergangenen Sommer traf ich nach längerer Zeit meine Nachbarn in Schweden. Das vermögende Rentnerehepaar hatte ein Leben lang erfolgreich in der Möbelbranche gearbeitet. Die Tochter war nun aus dem Haus. Enkel waren keine in Sicht. Als ich fragte, wo sie denn in letzter Zeit gewesen seien, erzählten sie mir, dass sie in der Normandie ein Château gekauft hätten. Es gebe am Haus viel zu renovieren und im Park, mit einer Fläche von immerhin zehn Hektar, sei auch einiges im Argen. Ich dachte: Oh Gott, wie furchtbar! Doch zu meiner Überraschung sah ich in strahlende Augen. Freudig erklärten sie: »Mit diesem Investment haben wir uns Beschäftigung bis an unser Lebensende erkauft.« Das Ehepaar war überglücklich.

Nach eigener Einschätzung würde ich mich auch als »fleißig« bezeichnen. Wie sich dieser Charakterzug bei mir bemerkbar macht, zeigt ein kleiner Einblick in meine Arbeitswelt.

> Vor vielen Jahren habe ich mit erheblicher Mühe begonnen, Forst und Land im hohen Norden Finnlands zu erwerben. Das ist kein Privileg für Multimillionäre. Ich habe mit kleinen Schritten angefangen. Mehr und mehr habe ich dann den Besitz ausgeweitet, je nach Marktlage und abhängig von den finanziellen Möglichkeiten. Die Arbeit,
> - den Grundbesitz in der Fremde zu erweitern,
> - das Recherchieren im Markt,
> - die Kalkulationen der Forstwerte,

- die Gespräche mit den Maklern und Behörden,
- der Aufbau eines Netzwerkes vor Ort,
- die Begehung der angebotenen Flurstücke,
- die Abwicklung der Transaktionen,
- die Verwaltung der Latifundien,
- das Erstellen der Jahresberichte,
- all das macht mir bis heute Freude. Diese »Mühe« habe ich mir ohne Not zusätzlich zu meinen anderen Tätigkeiten noch obendrauf gepackt.

Es kommt in puncto Fleiß ein weiterer Aspekt hinzu. Wenn ich beispielsweise neue Baumsetzlinge anpflanze, bin ich mir bewusst, dass ich den Nutzen aus dieser Arbeit selbst nicht mehr erleben werde. Das Gefühl, etwas für die nächste Generation zu tun, ist ungewohnt und ein guter Test der eigenen Motivation. Mich hat ja keiner gezwungen. Ich handle aus freiem Willen.

Wenn sich Bekannte nach meinen Ländereien erkundigen, dann stoße ich regelmäßig auf Unverständnis. »Sag mal, wofür machst du das eigentlich? Du wirst da doch nie leben. Du hast doch gar nichts davon.« Die meisten können eben nicht nachvollziehen, dass es mir guttut, fleißig zu sein.

Denjenigen unter Ihnen, die ebenfalls zu den von Natur aus Fleißigen gehören, kann ich nur raten: Entscheiden Sie sich für Arbeitsgebiete, in denen Sie sich austoben können, und zwar immer altersgerecht auf Sie zugeschnitten. Fallen Sie bloß nicht ins Vakuum des Nichtstuns. So viel zu grundsätzlichen Überlegungen, was es bedeutet, fleißig veranlagt zu sein.

Mittels Selbstanalyse auf das richtige Gleis

Gehen Sie nun in sich. Überlegen Sie unvoreingenommen, welche der vier Grundkategorien auf Sie zutrifft – und nicht, zu welcher Kategorie Sie sich zu gehören wünschten. Wenn es Ihnen widerstrebt, sich zu kategorisieren, holen Sie sich Hilfe in einem

Gespräch. Es lohnt sich! Denn anders, als man Ihnen vielleicht eingebläut hat, bergen alle vier Kategorien dasselbe Potenzial für ein erfolgreiches Leben. Jedoch nur für diejenigen, die sich auf das richtige Gleis begeben.

Stellen Sie sich Ihren Berufsweg sinnbildlich so vor: Ausbildung, Bildung und Ihre Leistungskraft bilden Ihr Ausgangslager für einen herausfordernden Berganstieg. Alternative Pfade führen zum Gipfelkreuz. Sie besitzen alle Voraussetzungen. Sie sind gut vorbereitet. Sie haben die Topografie studiert, die Wanderkarte in der Hand und der Rucksack ist mit Proviant gefüllt. Festes Schuhwerk, die richtige Kleidung, alles ist tipptopp. Den Willen, den Gipfel zu erreichen, werden Sie umso leichter mobilisieren, je mehr Ihnen der Wanderweg zusagt.

Sollten Sie sich also lieber für

- die Route durch das Tal, sanft ansteigend,
- für den kürzeren Weg in die Steilwand oder
- für die Strecke mit einer Übernachtung in der Berghütte entscheiden?

Die von Ihnen gewählte Route muss zu Ihrem Willen passen, dann können Sie über sich hinauswachsen.

Genauso verhält es sich in Ihrer Berufslaufbahn. Dies ist auch eine Erklärung dafür, dass – zur Überraschung hoch ausgebildeter Akademiker – auffallend »schlichte« Menschen sehr oft über die Maßen erfolgreich sind. Sehr erfolgreiche Menschen haben ihren beruflichen Modus mit ihrer Willensveranlagung abgestimmt. Mit eiserner Konsequenz gehen sie danach ihren Weg.

Die vier Kategorien

Es geht mir darum, mit dem Irrglauben aufzuräumen, dass Sie nur dann Chancen haben, erfolgreich zu sein, wenn Sie zur Kategorie »klug und fleißig« gehören. Diese verbreitete Ansicht ist ein großer Unfug. »Ohne Fleiß kein Preis« und ähnliche dumme Sprüche zeugen von einem Unverständnis, wenn es um das Thema Leistungsbereitschaft geht. Lassen Sie sich von solch herabsetzenden Äußerungen nicht ins Bockshorn jagen.

Ich wiederhole es an dieser Stelle noch einmal ganz bewusst. Entscheidend ist die richtige Positionierung in Ihrem Beruf – und diese muss zu Ihrem Grundtypus passen. Es bringt Ihnen gar nichts, sich zu verstecken und so zu tun als ob. Wenn Sie nun einmal träge sind, dann nützt es nichts, den Fleißigen zu markieren.

Für Ihr besseres Verständnis hier nun exemplarisch einige konkrete Punkte zu den vier Kategorien.

Dumm und faul

Hier sprechen wir über Menschen, die wenig Freude an geistigen Anstrengungen haben. Intellektuelle Herausforderungen sind nicht ihre Stärke. Vom Strickmuster her sind sie eher träge. Wenn sie wählen könnten, würden sie sich für den Müßiggang entscheiden. Meine Empfehlungen für diesen Typus:

- einfache unternehmerische Tätigkeiten mit der Möglichkeit, Arbeit zu delegieren
- in gar keinem Fall eine selbstständige Tätigkeit, bei der sämtliche Arbeiten in Eigenregie zu leisten sind
- simpel strukturierte Branchen, die wenig komplex und mit gesundem Menschenverstand zu bewältigen sind, am besten mit einem hohen Anteil an repetitiven Abläufen; mir kommen da zum Beispiel in den Sinn:
  - Büroreinigungsunternehmen: Nach Vertragsabschluss mit dem Kunden läuft die Büroreinigung immer gleich ab.
  - die Vermietung von Toilettenhäuschen oder Partyzelten: keine komplizierte Preisgestaltung mit ständig schwankenden Weltmarktpreisen wie beispielsweise im internationalen Kaffeehandel; auch ganz anders als beispielsweise der Diamantenhandel, mit der diffizilen Beurteilung jedes einzelnen Rohdiamanten aufs Neue
  - von Beruf Wohnungsverwalter, vorzugsweise mit einem Immobilienportfolio solider Mietshäuser und monatlicher Mieteingänge von »braven« Mietern in guten Wohnlagen

Hinweis für das Privatleben: Die charmantesten Menschen finden sich oft unter diesem Typus. Sie kommen recht gut durchs Leben, weil sie über einen Schutzpanzer verfügen, an dem viel Ungemach abprallt. Probleme und Sorgen dringen bei ihnen erst gar nicht so tief ein. Allerdings sollten Menschen dieses Typus auf eines achten: Sie neigen dazu, den Bogen mit ihrer Trägheit zu überspannen. Ihnen fehlt das Gespür dafür, wie andere Menschen denken und empfinden. So kann es vorkommen, dass sie mit dem Hintern das einreißen, was sie vorne aufgebaut haben. Dazu ein Beispiel aus dem wahren Leben.

Ein befreundeter Rechtsanwalt berichtete mir von einem Fall aus seiner Kanzlei: Die attraktive Gattin eines sehr erfolgreichen Unternehmers kümmerte sich nur wenig um den gemeinsamen Haushalt. Während der Ehemann täglich zehn bis zwölf Stunden in seiner Firma ackerte, verbrachte seine Angetraute die meiste Zeit mit der Pflege der eigenen Schönheit, Treffen mit Freundinnen, Golfen und Shopping.

Wenn der Unternehmer spätabends ermattet nach Hause kam, erwartete ihn typischerweise ein ganzer Berg an kleineren Haushaltsarbeiten, allen voran die nicht ausgeräumte Spülmaschine. Er solle schließlich auch seinen Beitrag zur Haushaltsführung leisten, so hieß es. Seine Ehefrau war in diesem Punkt unerbittlich und hatte kein Einsehen. Der Disput entzündete sich vor allem an dem Thema »Spülmaschine«. Jahrelange Streiterei und Debatten über dieses leidige Thema führten zu nichts.

Nach 15 Jahren gelang es dem Unternehmer, seine Firma für einen sehr hohen Millionenbetrag zu verkaufen. Nach Unterzeichnung des Verkaufsvertrages war sein erster Gang zu seinem Rechtsanwalt. Diesem erteilte er das Mandat zur umgehenden Einleitung einer Scheidung. Die Spülmaschinenarbeit hatte das Fass zum Überlaufen gebracht.

Klug und faul

Diesen Menschen ist eine Tätigkeit in großen Organisationsstrukturen zu empfehlen. Ab gewissen Hierarchieebenen lässt es sich bequem leben. Mit Nebelbomben, Ablenkungsmanövern und »viel Wind« können sie sich vor anstrengender Arbeit drücken. Es gibt genügend Mitarbeiter auf den verschiedenen Etagen, die den Laden am Laufen halten. Dies erfordert allerdings ein gehöriges Maß an Intelligenz, um erst einmal an den Futtertrog zu kommen und danach nicht aufzufliegen. Das Ziel, sich in der gemütlichen Ecke einzunisten, ist durchaus realistisch erreichbar.

Ich bin der festen Überzeugung, dass mindestens 30 Prozent des gehobenen Managements in DAX- und internationalen Großkonzernen überflüssig sind. Aktivistische Aktionäre, wie der rührige Investor Carl Icahn (New York, 86 Jahre) können von dem Filz in den Bürotürmen New Yorks, Londons und anderer Metropolen ein Lied singen. Ein schönes Beispiel für eine erfolgreiche »Klug und faul«-Existenz habe ich während meiner Schulzeit erlebt.

Die Eltern eines Schulfreundes waren Fabrikanten in der Plastikbranche. Der Vater stammte aus Osteuropa. Er war nach dem Zweiten Weltkrieg rechtzeitig vor den Kommunisten geflohen. Mittellos kam er in Deutschland an und schlug sich mit Gelegenheitsjobs durch. Schließlich heiratete er die Tochter des örtlichen Apothekers.

Mit einem sicheren Gespür für geschäftliche Möglichkeiten gründete er mithilfe seiner Frau eine Fabrikation für Plastikteile. Das Tagesgeschäft überließ er seiner Frau, die extrem fleißig war. Das Unternehmen prosperierte, die Familie kam zu großem Wohlstand.

Eines Tages lud mich mein Schulfreund zur Besichtigung seiner elterlichen Firma ein. Ich war schwer beeindruckt. Etwa 500 Arbeitskräfte waren dort zugange, die Spritzgussmaschinen liefen auf Hochtouren und die Großpressen und Stanzen waren in vollem Einsatz. Der Laden brummte buchstäblich.

Ich war in dem Glauben groß geworden, dass ein erfolgreicher Fabrikant sehr hart arbeiten müsse. Daher war ich auf die Stimmung in der Chefetage gespannt. Die Mutter war außer Haus auf Großkundenbesuch. In ihrem Büro quoll der Schreibtisch nur so über. Doch als wir das Büro des Generaldirektors, also des Vaters, betraten, staunte ich nicht schlecht. Entspannt saß er hinter seinem riesigen Schreibtisch und las in Seelenruhe die Tageszeitung. Er begrüßte uns freundlich, erkundigte sich nach der Schule und unseren Zukunftsplänen. Er hatte offenbar alle Zeit der Welt und machte einen sehr zufriedenen Eindruck.

Hier hatte ich es zum ersten Mal in meinem Leben mit einem Mann zu tun, der es verstanden hatte, es sich richtig einzurichten. Er hatte die Weitsicht und die Großzügigkeit besessen, tüchtige Mitarbeiter einzustellen. So war er in der Lage, viel Arbeit zu delegieren und sich damit den gewünschten Freiraum zu schaffen. Er wusste eben, wie er veranlagt war – »klug und faul« –, und besaß die Größe, sich dazu zu bekennen.

Erlauben Sie mir *auch hier* einen Hinweis für Ihr Privatleben. Es lohnt sich, die Neigung »klug und faul« treffsicher in Ihrem (künftigen) Lebenspartner zu erkennen. Ich habe da eine amüsante Geschichte für Sie.

Es war in Hamburg im Jahr 2001. Ich besuchte eine alte Freundin. Sie war Schlagersängerin und hatte sich gerade verlobt. Ihr künftiger Ehemann erlebte seinen zweiten Frühling und war dabei, einen neuen Lebensabschnitt zu beginnen. Unter großen finanziellen Anstrengungen plante er seine Selbstständigkeit.

Als ich abends für einen Moment allein mit ihm war, präsentierte er mir plötzlich einen kleinen Zettel. Er brauche meinen Rat, meinte er. Er hatte das Blatt in zwei Bereiche geteilt. Links stand, welches Einkommen er in den nächsten zwei Jahren erwirtschaften könnte. In der rechten Spalte sollte ich nun eintragen, wie viel seine zukünftige Ehefrau wohl realistisch zum Gesamteinkommen monatlich beisteuern würde. Seine Überlegung war wohl, dass ich seine Zukünftige schon länger kannte als er.

Ich schaute betroffen drein und war leicht überrascht ob dieser Frage. Ehrlicherweise sah ich mich gezwungen, in die rechte Spalte der Verlobten einzutragen: null Deutsche Mark.

Der arme Mann wusste offensichtlich überhaupt nicht, auf wen er sich da eingelassen hatte. Ich kannte den Persönlichkeitszuschnitt der Sängerin besser. Sie war ein Fall von »klug und faul«, wie er klassischer nicht hätte sein können. Allein die Vorstellung, nach einer Heirat zu arbeiten, um Geld zu verdienen, war für sie absurd.

Wie ging die Geschichte weiter? Der Ehemann wurde mit seiner Selbstständigkeit überaus erfolgreich. Jahre später trennten sich die beiden. Meine Freundin erhielt für mehrere Jahre eine großzügige monatliche Abfindung. Als die Zahlungen vereinbarungsgemäß langsam ausliefen, fand sie einen neuen Lebensgefährten: einen Erben aus einer bedeutenden Teehandelsdynastie. Dieser kam übrigens vor der Hochzeit nicht mit einem Zettel bei mir vorbei.

Wie sagt meine Freundin aus Mallorca immer so schön: »Der Lebenspartner ist entweder ein Geschenk oder eine Aufgabe.« Menschen vom Typus »klug und faul« haben dafür eine gute Antenne. Sie liegen bei der Wahl ihrer Partner selten falsch. Nur so viel am Rande.

Dumm und fleißig

Für diesen Menschentyp bietet sich beispielsweise eine Laufbahn als Bearbeiter möglichst zahlreicher Arbeitsvorgänge an:

- viel Papierkrieg, jede Menge »Klein-Klein«
- haufenweise zeitraubende Termine
- Aufgaben, die einen Rattenschwanz an Arbeit nach sich ziehen
- eine Organisationsstruktur, in der man kaum etwas delegieren kann

Das sind allesamt attraktive Aspekte für diesen Typus bei der täglichen Arbeit.

Menschen des Typs »dumm-fleißig« empfinden eine tiefe innere Befriedigung bei dem Gefühl, gebraucht zu werden. Dieser Charakterzug ist eine ideale Voraussetzung für

- Selbstständige, die alles selbst machen wollen. Es stört sie nicht, dass sie sich de facto ausbeuten. Sie arbeiten ohne Prioritätenliste, nicht ergebnisorientiert, die Aktenberge stapeln sich, aber sie sind mit ihrem Arbeitsalltag im Grunde genommen zufrieden.
- Angestellte, die über eine gewisse Hierarchieebene nicht hinauskommen. Das Ziel, Geschäftsführer zu werden, haben sie gar nicht. Es mangelt ihnen am nötigen Ehrgeiz. Die Vorstellung, große Verantwortung zu übernehmen, ist für sie abschreckend, stattdessen stöhnen sie lieber mit einem gelegentlichen Gefühl des Frustes. Das ist aber mehr Fassade. Versicherungskonzerne und Dachverbandsorganisationen beispielsweise sind ideale Arbeitgeber für diesen Typus Mensch.
- Trader im Rohstoffhandel – dafür bedarf es keiner Hochintelligenz. Gutes Fachwissen, Erfahrung und Fleiß reichen aus. Ausschlaggebend ist aber das Talent, extrem konzentriert, effizient und aufmerksam arbeiten zu können. Einem solch hohen Arbeitstempo, verbunden mit extremem Leistungsdruck, sind auf lange Sicht nur fleißige Menschen gewachsen. Wer als Angestellter vom Typ »dumm-fleißig« sehr viel Geld verdienen und richtig reich werden will, sollte diesen Berufsweg in Betracht ziehen. Schon in jungen Jahren können erfolgreiche Trader mittels Gewinnbeteiligungen mehr verdienen als ihre Vorgesetzten. Die Stadt Zug in der Schweiz ist voller Multimillionäre, die ihr Geld im Rohstoffhandel verdienen. Keine Genies, aber überaus fleißige Mitarbeiter der Trading-Häuser.

Generell gilt: »Dumm-fleißige« Menschen sind auch ohne attraktive Anreizsysteme gerne von sich aus fleißig. Sie eignen sich von daher als verlässliche Mitarbeiter auch in kommunistisch-sozialistischen Wirtschafts- und Gesellschaftssystemen.

Klug und fleißig

Menschen des Typus »klug-fleißig« sind nicht zu beneiden, denn ihnen stehen im Berufsleben mit hoher Wahrscheinlichkeit große Herausforderungen bevor. Sie brauchen ein verständnisvolles Umfeld, das ihre Begabung wertschätzt. Das Problem sind die Vorgesetzten und Kollegen, denn sie fühlen sich schnell von den

»klug-fleißigen« Überfliegern bedroht. Menschen dieses Typs besitzen fast immer eine kritische Analysefähigkeit und einen messerscharfen Verstand. Das macht es ihnen schwer, über Ineffizienzen und Unzulänglichkeiten hinwegzusehen oder gar sich damit abzufinden.

Meine Empfehlungen für diesen Typus:

Wenn es irgend geht, sollte auf Dauer eine Angestelltentätigkeit gemieden werden. Ich würde eher zu einer selbstständigen Tätigkeit raten, bei der es viel zu tun gibt und das Geschäft fordernd und schwierig ist. Das können sich diese Menschen problemlos zutrauen. Sie brauchen die permanente, intellektuell anstrengende Herausforderung.

Eine Unternehmertätigkeit oder Führungsposition ist anzustreben, aber nur unter der Prämisse, im echten Geschäft involviert zu bleiben. Es wäre fatal, im Elfenbeinturm der Hauptverwaltung zu landen, um sich dort zu langweilen. Abgeschnitten zu sein vom eigentlichen Business, sich nur noch mit personellen Mätzchen oder politischen Machenschaften herumschlagen zu müssen, das ist nichts für die »Klug-Fleißigen«.

Auch hier ein Hinweis für das Privatleben: Falls Sie mit einem »klug-fleißigen« Lebenspartner gesegnet sind, dann verabschieden Sie sich von dem Gedanken, dass

- er sich um eine möglichst frühe Pensionierung bemühen wird,
- er mit Ihnen (später als Rentner oder in den Ferien) gerne den ganzen Tag mit Einkäufen, Spaziergängen und Teetrinken verbringen möchte,
- er kontemplativ zur Ruhe kommt und seine Zeit Ihnen widmen wird, nach dem berechtigten Motto »Jetzt sind Sie und Ihre Interessen dran«.

Arbeit und permanentes Schaffen sind sein Lebenselixier. Wenn man ihm dieses nimmt, wird er schnell unlustig und depressiv.

Ich werde nie die Reportage über einen erfolgreichen Filmregisseur vergessen. Er war bereits 94 Jahre alt und hatte sein Büroarchiv in einem eigenen Gebäude im Park seiner Villa. Inmitten Hunderter von Akten und Filmdosen ackerte er noch nachts um halb zwei vor sich hin. Plötzlich flog die Tür auf und seine betagte Ehefrau stürmte im Bademantel herein. Jetzt sei es aber genug, er solle endlich ins Bett kommen, fuhr sie ihn an. Offensichtlich war sie diesen Kummer gewohnt. Der Film-Tycoon wurde 101 Jahre alt.

Charaktertypus und Erfolgsfahrplan

Mit Blick auf diese vier Grunddispositionen habe ich im Verlauf meiner Berufsjahre feststellen müssen, dass fast alle Gespräche zur persönlichen Berufsplanung ihr Ziel verfehlt haben.

- Ob es um den Versetzungswunsch in eine andere Abteilung oder um eine Beförderung geht,
- ob es sinnvoll ist, auf das Angebot eines Headhunters einzugehen, den Arbeitgeber zu wechseln oder
- ob der Schritt in die Selbstständigkeit zu erwägen ist,

ich habe es nie erlebt, dass die Zugehörigkeit zu einer der vier Grundkategorien (»klug, dumm, faul und fleißig«) zu Beginn geklärt wurde. Ich möchte gar nicht wissen, wie viele personelle Fehlentscheidungen ob dieses gravierenden Versäumnisses getroffen werden. Offensichtlich wird um dieses heikle Thema ein Bogen gemacht. Erwarten Sie also nicht, dass Ihr Arbeitgeber, Ihr Personal- oder Unternehmensberater Ihnen diese Arbeit abnimmt. Nehmen Sie daher die Analyse Ihres Charaktertypus vorurteilsfrei selbst vor. Danach entscheiden Sie konsequent, in welchen Zug Sie mit Ihrem Erfolgsfahrplan einsteigen.

Von Bremsklötzen und dem Gefühl der Freiwilligkeit

Zurück zum Aspekt Ihres Willens. Wenn Sie lange Zeit gegen Ihre eigentliche Natur angehen, werden Sie an Grenzen stoßen. Ihnen wird die Bereitschaft fehlen, beruflich höhere Potenziale zu verwirklichen. Als Ausweg aus dem Dilemma werden Sie sich Schuldzuweisungen zurechtlegen: »Ja, so ist eben meine Veranlagung«

oder »Das lohnt ja alles doch nicht«, so oder ähnlich wird es sich anhören. Das sind nur Ausflüchte. Denn der tief sitzende Wille, aus Ihrem Leben etwas zu machen und sich zu entwickeln, ist bei jedem von Ihnen vorhanden. Das lässt sich nicht negieren.

Vermeiden Sie den Weg in den Burn-out. Hoffentlich bleibt Ihnen ein Schicksal der Desillusionierung erspart. Laufbahnen, die so vielversprechend mit Euphorie beginnen, enden allzu oft in beruflicher Resignation. Das sind bedauernswerte Lebenszuschnitte. Da hilft auch alles Mitleid der Familie nichts. Aus der Befindlichkeit der Opferrolle, einer ungerechten Welt ausgesetzt zu sein, ist noch nie etwas Konstruktives erwachsen.

Tiere haben es in dieser Hinsicht leichter. Sie wissen von Natur aus, wo sie hingehören. Schweine suhlen sich am liebsten im Matsch. Antilopen lieben die Weite der Steppe. Wir Menschen hingegen müssen eigenständig herausfinden, in welches Umfeld wir gehören, und werden oft in die Irre geführt.

Die Entfaltung Ihres persönlichen Willens hat viel damit zu tun, ob

- Sie sich und Ihr Wesen richtig einschätzen,
- Sie die Ihnen abverlangte Arbeit als Zumutung empfinden,
- es Ihnen vergönnt ist, Ihren Job mit einem Gefühl der Freiwilligkeit zu erledigen.

Das führt uns zu dem Punkt, an dem wir über Ihr Selbstbewusstsein sprechen müssen. Machen wir dazu einen Ausflug in Ihre Jugend. Sie kamen als wunderbares Wesen mit Selbstbewusstsein zur Welt. Doch fortan waren Sie Ihrem Elternhaus und später der Lehrerschaft ausgesetzt. Das Erlebnisspektrum reichte von Ihnen liebevoll zugeneigten, aber oftmals naiv-unerfahrenen Erziehungsverantwortlichen über Egoisten, die keine wirkliche Empathie für Sie entwickeln konnten (auch wenn sie dies niemals zugeben würden), bis hin zu Sadisten und böswilligen Zeitgenossen, die ihre eigenen unbewältigten Probleme an Ihnen in Ihrer Jugend ausließen.

In dieser Zeit hat Ihr Selbstbewusstsein höchstwahrscheinlich schon in irgendeiner Form Schaden genommen. Das hören Sie natürlich nicht gerne. Wir alle wünschen uns, in einer heilen Welt aufgewachsen zu sein. Machen Sie sich aber keine Illusionen. Die Gehirnwäsche über den Zeitraum Ihrer ersten 16 bis 18 Lebensjahre sitzt tief. Die Herausforderung besteht nun darin, die Bremsklötze und negativen Effekte aus den Jahren Ihres Heranwachsens zu überwinden, denn Sie müssen mit einem sicheren Selbstbewusstsein in Ihr eigenes Leben treten.

Einen jeden von Ihnen hat es bei der Frage um die Selbstsicherheit unterschiedlich getroffen. Der eine kann gleich durchstarten, denn er geht mit genügend Selbstbewusstsein in die Berufsphase. Der andere schleppt ein dickes Problem mit sich herum. Vielleicht hat er nicht gelernt, Nein zu sagen. Parallel zu seiner Ausbildung oder zu den ersten Schritten im Beruf sollte er diese Schwäche aus der Welt schaffen. Das ist genauso wichtig, wie eine Lehre gut abzuschließen oder ein Bachelorstudium zu absolvieren.

Im Klartext: Wer zum Ende seiner Schul- oder Ausbildungszeit noch Defizite in seinem Selbstbewusstsein verspürt, sollte professionelle Unterstützung einfordern. Diesem Problemkomplex auszuweichen, wäre ein unverzeihlicher Fehler.

Schranken setzen

Ihr Wille funktioniert wie ein Autopilot, er treibt Sie wie ein sicherer Antriebsmotor stetig voran. Aber Sie dürfen sich von diesem Kraftmoment nicht auf Abwege führen lassen. Deshalb gehört neben der Mobilisierung Ihres Willens auch dessen Zügelung auf den Plan. Damit Sie nicht Gefahr laufen, sich mit Ihrer Willensstärke zu verrennen oder vor lauter Aktivitäten »heiß zu laufen«, sollten Sie hin und wieder auf Abstand zu sich selbst gehen:

- Gehen Sie alle sechs bis zwölf Monate mit sich (und vielleicht Ihrem Mentor) in Klausur.
- Lassen Sie Ihre beruflichen Aktivitäten vor Ihrem geistigen Auge Revue passieren.

- Fragen Sie sich, ob Ihr Wille zum richtigen Einsatz gekommen ist.

Nicht alles, was Sie mit Vehemenz angehen, ist automatisch sinnvoll. Hier einige klassische Muster fehlgeleiteter beruflicher Bemühungen:

- der hoffnungslose Kampf für eine gerechte Sache
- eine Projektentwicklung, die zum Scheitern verurteilt ist
- das generelle Unvermögen zu erkennen, wann eine Schlacht als verloren aufzugeben und die weiße Fahne zu hissen ist
- sich von Eitelkeit oder Geldgier leiten zu lassen
- eine Beförderung wider besseres Wissen anzunehmen, obwohl man ahnt, dass die berufliche Entwicklung damit keine gute Wendung nehmen wird; zwei Beispiele dazu:
  - Der geniale Tüftler oder Chemiker, der aus dem Labor ins Management »hoch gelobt« wird und mit dieser vermeintlichen Beförderung nie mehr den Weg in die Forschung zurückfindet.
  - Der brave Vertriebler im Außendienst, der sich in den Kopf gesetzt hat, aus Imagegründen in der Marketingabteilung reüssieren zu müssen, obwohl dies gar nicht sein Metier ist. Mit seinem eigentlichen Talent, Kundenkontakte zu pflegen, ist es aus.

In solchen und ähnlichen Fällen ist der unbeugsame Wille von Übel. Wenn Sie bemerken, dass Ihr Wille sich zu verselbstständigen droht, sollten Sie sich ihm mit Lebensklugheit entgegenstellen (die Amerikaner gebrauchen in diesem Zusammenhang den Begriff *street smart*).

Wenn Sie sich im Unklaren sind, ob Ihr Wille Sie in eine positive oder negative Richtung drängt, halten Sie sich im Zweifelsfall an folgende Maxime: Alles, was nicht einer liebevollen Motivation entspringt, führt auf Dauer zu nichts Gutem. Ich weiß, dies ist eine weitere Aussage, die Sie an der Universität, in der Ausbildung und Berufsschule nicht zu hören bekommen haben. Sie können mir aber ruhig glauben. Ich hätte dazu eine lange Liste mit Fällen, bei denen genau dieser Aspekt der »Liebe« gefehlt hat. Das Resultat war schlussendlich immer ein trauriges.

Der Wille versetzt Berge

Der Wille versetzt Berge – die meisten Menschen kennen diesen Satz, aber sie glauben nicht daran. An dem Wahrheitsgehalt dieser alten Weisheit gibt es nichts zu rütteln. Die Kraft des Willens ist enorm.

Dennoch werden Sie auf Mitmenschen treffen, die »vom Leben gelebt werden« und an ihrem Berufsweg schwer zu tragen haben. Diese Menschen akzeptieren zu leichtfertig vermeintliche Limitationen, wie ihre »niedere Herkunft«, körperliche Benachteiligungen, mangelndes gutes Aussehen oder Schwachstellen in der Ausbildung und Bildung.

In der älteren Generation lastet auf manchen Nichtakademikern auch noch nach Jahrzehnten der zentnerschwere Glaubenssatz: »Ich habe ja nicht studiert. Ich komme eben aus anderen Kreisen.« Diese Menschen tun mir leid. Wenn sie nur wüssten, wie falsch sie ihre Lage einschätzen! Es ist ein Jammer, dass sie unnötigerweise vor Hürden kapitulieren, die leicht zu überwinden wären.

Die bessere Einstellung lautet: Wo ein Wille ist, ist auch ein Weg. Ich kenne eine Adelsfamilie, die sich das Motto »Geht nicht liegt auf dem Friedhof und kann nicht liegt direkt daneben« zu eigen gemacht hat und danach auch lebt. Es sind gerade die besonders erfolgreichen Unternehmer und Führungspersönlichkeiten, die dank ihres Willens Außergewöhnliches erreichen. Ich habe ein kleines Spektrum an Paradebeispielen für Sie zusammengestellt:

Gezielt in die Milliarden Dollar

An dem Werdegang des amerikanischen Managers und Unternehmers Barry Diller (80 Jahre) konnte ich miterleben, wie ein Mensch konsequent seinem Willen folgt. Diller war schon früh ein Star in der amerikanischen Managerszene. Im zarten Alter von 32 Jahren wurde er Generaldirektor der Firma Paramount Pictures. Die prominente Position mit ihren hohen Vorstandsbezügen genügte den Ansprüchen Dillers auf Dauer jedoch nicht.

Als ich in New York Ende der 1980er-Jahre unterwegs war, traf ich mit einem Vertrauten von Barry Diller zusammen. Das war natürlich für mich eine tolle Gelegenheit, mehr über diese illustre Persönlichkeit zu erfahren. Auf meine Frage, wie ich mir denn Diller so vorstellen müsse, runzelte mein Bekannter die Stirn. Er habe in seinem ganzen Leben noch nie einen Menschen erlebt, der sich so einseitig und willensstark nur für seine eigenen Belange und die Verbesserung seiner beruflichen Aussichten interessiere.

Ich war erstaunt. Der Mann hatte doch einen Traumjob. Hochmut kommt vor dem Fall, dachte ich mir. Ich war gespannt, wie Dillers Lebensweg sich wohl entwickeln würde. Und in der Tat, Schritt für Schritt schaffte Diller den Übergang vom Angestelltendasein zum Unternehmertum. Mutig investierte er früh in Internetdienstleistungen. Seine Weggefährten waren skeptisch. Es gelang ihm aber, ein eigenes Medienimperium aufzubauen.

Mit 80 Jahren ist er heute noch aktiv. Sein Privatvermögen wird auf 3 Milliarden Dollar geschätzt.

Wegen Reichtum geschlossen

Einen Fall mit Mangel an Willenskraft habe ich in Deutschland im Jahr 2001 erlebt. Im Rahmen eines privaten Mandates gehörte ich dem Vermögensbeirat der Familie P. an. Der Beirat kam quartalsweise zusammen. Er setzte sich – wie man früher respektvoll sagte – aus »gestandenen Millionären« zusammen. Im Laufe der Zeit musste ich feststellen, dass der Vermögensinhaber, Herr P., keinerlei Ambitionen erkennen ließ, in finanzieller Hinsicht etwas dazulernen zu wollen. Das am Beiratstisch versammelte Know-how kam überhaupt nicht zum Tragen.

Zur gleichen Zeit war ich Aufsichtsratsvorsitzender einer Mittelstandsholding. Nach einer Sitzung erkundigte sich der Großaktionär, was es Neues aus dem Familienbeirat unseres gemeinsamen Bekannten P. zu berichten gebe. Kopfschüttelnd erwähnte ich meine Beobachtung: »Stellen Sie sich vor, Herr P. lernt einfach nichts dazu!«

Darauf erwiderte mein erfahrener Freund: »Wer so reich ist wie der P., der braucht auch nichts mehr dazuzulernen.«

Ich musste lachen. Doch schon damals konnte ich mich – trotz meines Lachens – dieser Meinung nicht anschließen. Sich dank früherer Erfolge selbstzufrieden auszuruhen und im Leerlauf zu verharren, ist für mich noch nie akzeptabel gewesen. Nach weiteren zwölf Monaten routinemäßiger Beiratssitzungen legte ich zum Bedauern der Familie P. mein Vermögensbeiratsmandat nieder. Seitdem hat sich dort nicht viel geändert. Der frustrierte Beirat tagt weiterhin.

Pure Willensstärke

Sie werden unzählige Beispiele an Spitzenresultaten auf allen Gebieten des Lebens finden, die auf purer Willensstärke beruhen:

- in der Kultur bei Musikern, Bildhauern und Malern
- in der Politik und in der Forschung
- im humanitären Sektor: Hier möchte ich stellvertretend zwei Elsässer Ärzte erwähnen, zum einen Albert Schweitzer (Afrikadoktor und Friedensnobelpreisträger, 1875–1956), zum anderen Schweitzers Freund, den nahezu unbekannten Arzt Dr. Theodor Binder (Urwalddoktor in Südamerika, 1919–2011). Ich hatte das große Glück, Dr. Binder auf seine alten Tage in Lörrach noch persönlich kennenzulernen.
- im philanthropischen Bereich der Großstiftungen
- in der Wirtschaft bei herausragenden Gründerpersönlichkeiten, wie der Kosmetikunternehmerin Estée Lauder (New York, 1908–2004) oder dem Pionier des amerikanischen Weinbaus, Robert Mondavi (Amerika, 1913–2008)
- im Finanzsektor, die große Zahl unabhängiger Financiers, die im höchsten Alter noch tätig gewesen sind, zum Beispiel
  - Philip Carret (101 Jahre), Gründer der Pionier-Fonds
  - Walter Schloss (95 Jahre), unabhängiger Value-Investor in New York
  - Henry (Heinrich) Grunfeld (95 Jahre), Mitbegründer der Investmentbank S. G. Warburg in London
  - Guy de Rothschild (98 Jahre), Chef der Privatbankdynastie in Paris und später in New York,

- Johann S. (102 Jahre), Deutschland, ehemaliger Unternehmer und Privatier, ältester Investor in dem von mir gegründeten ME-Fonds – Special Values
- Henry (Heinrich-Hartmut) Arnhold (96 Jahre), aus der Dresdner Bankiersfamilie Arnhold, späterer Chairman der vornehmen Investmentboutique Arnhold & S. Bleichroeder in New York. Einer seiner Angestellten in den 1960er-Jahren war übrigens kein Geringerer als George Soros!

Leistungsreserven freisetzen

Um Besonderes zu erreichen, müssen Sie Ihre Leistungsreserven freisetzen. Dazu greifen Sie auf Ihren Willen zurück. Er hält den Schlüssel für Erfolge auch abseits der Standardwege in der Hand. Doch leider ist manchmal erst ein gewaltiger Druck nötig, um Ihren Willen zu aktivieren, etwa weil

- Sie auf einmal mit dem Rücken zur Wand stehen,
- Ihre Unternehmung auf eine Pleite zusteuert,
- jemand an Ihrem Stuhl sägt,
- Ihnen eine öffentliche Blamage droht,
- Sie Gefahr laufen, von Ihnen abhängige Menschen ins Unglück zu stürzen.

In solchen Momenten merken Sie, was für eine Kraft in Ihnen schlummert. Sie vergegenwärtigen sich, welche Willenskraft Sie bislang ungenutzt mit sich herumgetragen haben.

Warum aktivieren Sie diese Power nicht gleich morgen? Warten Sie nicht, bis das Schicksal an Ihre Türe klopft und Sie zu Ihrem Glück gezwungen werden. Wieso sollten Sie so viel Zeit vergeuden? Ihr Potenzial ist doch vorhanden. Nutzen Sie Ihren Willen bewusst zu Ihrem Vorteil.

Keine Angst vor Niederlagen

Vielleicht haben Sie Angst vor Ihrer eigenen Willenskraft, vor Ihrer eigenen Courage, und nehmen deshalb Ihren Willen an die

Kandare. Sie fürchten, dass ein allzu ausgelebter Wille Sie ins Schleudern bringen könnte. Das sind typische Versagensängste.

Mein Ratschlag: Seien Sie ruhig etwas mutiger im Leben. Führen Sie Ihr Talent, Ihr Wissen und Ihre Leistungsfähigkeit mit dem vollen Willen unter einem Dach zusammen. Nutzen Sie die motivierende Antriebskraft, die Sie dabei spüren werden.

Und was das Schreckgespenst eines möglichen Scheiterns betrifft, können Sie beruhigt sein. Falls Ihr Wille Sie in eine Sackgasse führen sollte, werden Sie das früh merken. Das ist das Schöne im Leben. Sie sind nicht allein unterwegs. Ihr privates und berufliches Umfeld werden Ihnen entsprechende Signale senden. Darauf können Sie sich verlassen. Sie werden beispielsweise im Handumdrehen merken, dass

- die Kunden ausbleiben, obwohl Sie selbst von der Nützlichkeit Ihrer Produkte oder Maschinen restlos überzeugt sind,
- Ihnen das Geld ausgeht, wenn Sie in Ihrer Euphorie nicht hinreichend auf Ihre Cashflow-Planung geachtet haben,
- Sie in Ihrem Bemühen, eine Gehaltserhöhung durchzusetzen, in jedem Personalgespräch vor eine Wand fahren.

Gewöhnen Sie sich an, für schmerzhafte Erfahrungen, Enttäuschungen und Niederlagen dankbar zu sein. Es sind die besten Lektionen, die Sie bekommen können.

Auch auf die Gefahr hin, dass Sie mich für übergeschnappt halten: Ich bin zeitlebens gut damit gefahren, meinem Schutzengel zu vertrauen. Egal, wie sehr ich am Boden zerstört war, ich habe stets erfahren dürfen, dass mich mein Schutzengel nie verlassen hat. Ich empfehle Ihnen, sich Ihrem Schutzengel zuzuwenden. Eines guten Tages werden Sie erfahren, dass er immer an Ihrer Seite gewesen ist. Da bin ich mir sicher.

Lektion 5

Geschäftsmodell

Freie Fahrt voraus

In dieser Lektion gehen wir weiter in Ihrem Erfolgsfahrplan. Wir werden über die Bedeutung Ihres »Geschäftsmodells« sprechen, die Angelsachsen sagen dazu *business model*. Gemeint ist, in welcher Art und Weise Sie Ihre Laufbahn strukturieren. Dabei spielt es keine Rolle, ob Sie sich für eine Karriere im Angestelltenverhältnis oder für eine selbstständige Existenz entscheiden. In jedem Fall brauchen Sie ein kluges Geschäftsmodell, um ans Ziel zu kommen, ansonsten fischen Sie im Trüben oder machen sich vom Zufall abhängig.

Viele Wege führen bekanntlich nach Rom. Wenn Sie Ihr Berufsleben antreten, stellt sich jedoch die Frage,

- ob Sie Ihrem Ziel überhaupt die richtige Dimension verliehen haben,
- wie es mit Ihren Chancen steht, realistisch Ihr Ziel zu erreichen,
- wie viel Zeit Sie benötigen werden, um ans Ziel zu kommen,
- wie steinig Ihr Weg sein wird,
- wie viele Opfer Ihnen auf dem Weg nach oben abverlangt werden,
- ob Sie sich abrackern müssen oder ob Ihnen die Zielerreichung leicht von der Hand gehen wird.

Ich erinnere mich noch gut daran, wie mir die eigentliche Bedeutung des Geschäftsmodells als Erfolgsfaktor zum ersten Mal richtig bewusst geworden ist. Es war im Jahr 1999, genau ein Jahr nachdem ich mich selbstständig gemacht hatte.

Ich kam mit einem erfahrenen hanseatischen Kaufmann zusammen. Er erkundigte sich nach meinem Geschäft. Zunächst druckste ich herum, doch dann fasste ich mir ein Herz und klagte ihm mein Leid, dass ich so unzufrieden mit meiner Kunden- und Honorarstruktur sei. Ich jammerte über zu viel Zeitaufwand und war zutiefst verunsichert, wie ich weitermachen sollte.

Mein Geschäftsfreund hörte sich meine Litanei eine Weile an. Dann fällte er ein klares Urteil: »Ich habe den Eindruck, es liegt gar nicht an Ihren Kunden und auch nicht an Ihren Prozenten und Kosten. Ich glaube, Sie sollten mal Ihr Geschäftsmodell gründlich überdenken.«

Ich bin ihm für diese Ermahnung zutiefst dankbar, denn ich ergriff umgehend die Initiative und es dauerte nicht lange, bis sich der Erfolg einstellte. Von nun an lief es wie geschmiert!

Vielleicht beschleicht auch Sie das Gefühl, im beruflichen Fortkommen festzustecken. Sie wundern sich, warum es mit der Karriere hakt oder wieso sich der Durchbruch Ihres Unternehmens nicht einstellen will. Sie haben den Eindruck, an eine Decke zu stoßen. Womöglich hat es gar nichts mit Ihrer Person zu tun, vielleicht ist nur der Raum zu klein oder die Deckenhöhe zu niedrig für Sie und Ihr geschäftliches Vorhaben. Betrachten Sie Ihre Situation einmal aus dieser Perspektive.

Wenn Sie sich in einer vertrackten Situation befinden, werden Gespräche mit Ihren Kollegen, Ihren Freunden und Ihrer Familie nicht viel nützen. Es ist dann gar nicht so selten, dass man Ihnen suggeriert, dass etwas mit Ihnen nicht stimmt. Sie glauben gar nicht, wie häufig ich mir in solchen Situationen destruktive Äußerungen habe anhören müssen. In allen Organisationsstrukturen, klein wie groß, im Angestelltenverhältnis oder in der eigenen Firma stehen die Interessen des Systems schnell gegen die Ihrigen. Psychologisch gesehen geht es um das Zuschieben des schwarzen Peters.

Wenn Sie an einem solchen Punkt angelangt sind, rate ich Ihnen: Lassen Sie sich nicht verrückt machen und meiden Sie hitzige Diskussionen. Gehen Sie auch nicht auf Schuldzuweisungen ein. Versuchen Sie ruhig zu bleiben. Nehmen Sie stattdessen eine nüchterne Standortanalyse vor. Wenden Sie sich zudem anderen Gesprächspartnern zu: Menschen, die mit einer größeren Distanz Ihre aktuelle Problematik ohne Interessenkonflikt beurteilen können.

Auf die feinen Töne achten

Es ist keineswegs einfach, Ihr optimales Geschäftsmodell zu finden. Das geht nicht auf Knopfdruck. Sie sollten sich dabei nicht auf fertige Schablonen verlassen, auch wenn Ihnen diese noch aus der Universitäts- oder Berufsschulzeit in Erinnerung geblieben sind. Es gilt vielmehr, Ihre gesamte Situation aus möglichst vielen Blickwinkeln zu betrachten. Dazu müssen Sie Ihre Fähigkeit zur Wahrnehmung der Außenwelt generell schulen.

Hinhören

Die meisten von uns sind zu sehr mit sich selbst beschäftigt. Sie sind nicht achtsam genug und nehmen nicht richtig wahr, was um sie herum passiert. Es sind häufig die feinen Töne, das Unausgesprochene zwischen den Zeilen, worauf es ankommt. Dort verbergen sich die entscheidenden Signale, welche für die Ausrichtung Ihres Geschäftsmodells ausschlaggebend sein können. Erwarten Sie nicht, dass wohlmeinende Lösungen Ihrer beruflichen Fragestellung vom Kirchturm verkündet oder auf Plakatwänden prangen werden.

> In jungen Jahren war ich viel zu unachtsam und habe dadurch eine Riesenchance in meiner Managerkarriere verpasst. Ich hatte eine gute Position bei einer deutschen Firma. Der Inhaber hatte mir eine vielversprechende Zukunft in seinem Unternehmen zugesichert. In einer Geheimvereinbarung wurde mir die Position des Finanzvorstands in Aussicht gestellt. Man wartete nur darauf, den damaligen Amtsinhaber loszuwerden, der sich unbeliebt gemacht hat-

te. Ich sollte mich – beauftragt mit Sonderaufgaben – für eine gewisse Zeit erst einmal mit der Unternehmenskultur vertraut machen.

Mein deutscher Arbeitgeber hatte Expansionspläne in Amerika. Ich wurde nach Los Angeles geschickt, um Kooperationsmöglichkeiten mit einem börsennotierten Weltunternehmen abzutasten. Ich bekam die Gelegenheit, das dortige Management kennenzulernen. Über mehrere Tage ging ich dort ein und aus. Am letzten Abend lud mich die Vizepräsidentin zum Dinner ein. Ich war Ihren Kollegen als vielversprechender junger Mann aufgefallen. Nach dem Hauptgang in einem vornehmen Restaurant deutete sie vorsichtig an, dass es in ihrem Konzern interessante Karrieremöglichkeiten gebe. Ich fühlte mich geschmeichelt, nahm das Gespräch aber nicht so richtig ernst.

Am nächsten Morgen, kurz vor meinem Rückflug, stand ein abschließendes Treffen mit dem langjährigen Amerika-Vertrauten des deutschen Unternehmers an, der den Deal in Los Angeles eingefädelt hatte. Ich schilderte ihm meinen positiven Eindruck von der amerikanischen Gegenseite und erwähnte auch das private Abendessen mit der Vizepräsidentin. Er war überrascht, denn dieses Dinner war auf der Agenda nicht vorgesehen gewesen. Er versicherte mir: »Darauf können Sie sich etwas einbilden. Ich prophezeie Ihnen, die Dame wird bestimmt die nächste Präsidentin des Konzerns.«

Da er beide Unternehmen seit Jahren sehr genau kannte, erlaubte ich mir eine Frage: »Im Vertrauen, sagen Sie, Sie sind doch auch der Überzeugung, dass ich bei dem deutschen Unternehmer eine gute Zukunft habe?«

Er schaute bedenkenvoll drein, schwieg eine Weile und sagte dann: »Ich wäre mir da nicht so sicher.«

Dennoch schenkte ich seiner kleinen Bemerkung keine weitere Beachtung. Zurück in der Heimat machte ich mich mit Feuereifer an die Arbeit. Und das Ende vom Lied? Die Zusicherung auf die Vorstandsposition wurde nicht eingehalten. Ich fiel politischen Intrigen des »Hofstaats« in der deutschen Hauptverwaltung zum Opfer. Der Unternehmer, der sich den Anschein eines Ehrenmannes gab, hielt sein Wort mir gegenüber nicht und ich wurde unter dem Vorwand falscher Tatsachen entlassen.

Ein paar Jahre später kam die Meldung in der internationalen Presse, dass ein Wechsel in der Konzernführung in Los Angeles stattgefunden habe. Die Vizepräsidentin, mit der ich beim Abendessen gewesen war, hatte das Rennen gemacht. Ich hätte also auf das richtige Pferd gesetzt. Schade, dachte ich mir. Voller Wehmut musste ich in diesem Moment an die schönen Palmenalleen in Beverly Hills denken. Mein früherer Lateinlehrer kam mir in den Sinn. Er liebte den alten Seemannsspruch »Sieben vorbei, acht verweht«. Ja, das Leben kann unbarmherzig sein mit denen, die nicht hinhören wollen.

Urteilsfähigkeit

Wenn Sie sich beruflich mit dem bestmöglichen Geschäftsmodell für Ihre Laufbahn positionieren wollen, dann müssen Sie lernen, sich selbst sowie Ihre Mitmenschen richtig einzuschätzen. Auch die Fähigkeit zur Wahrnehmung der gesellschaftlichen und makroökonomischen Entwicklung hängt von Ihrer Urteilsfähigkeit ab (die Engländer verwenden den treffenden Begriff *judgement*).

Menschen, die beruflich unzufrieden sind, neigen dazu, von der Kuh auf der anderen Wiese zu träumen. Die Idee von dem saftigeren Gras, von den Äpfeln in Nachbars Garten ist verlockend. Wenn es darum geht, Ihr Geschäftsmodell zu ändern, sind romantische Fantasien aber nicht angebracht. Manch schöner Gedanke entpuppt sich als verheerender Schnellschuss. Der amateurhafte Traum, beispielsweise dem Frust des Angestelltendaseins zu entfliehen, nur um sein Heil in einer Selbstständigkeit zu suchen, erweist sich häufig als eine Fata Morgana.

Hierzu fällt mir eine schöne Geschichte aus meiner Zeit als Banklehrling ein.

Ich verbrachte mehrere Monate in der eindrucksvollen Kassenhalle der Hauptniederlassung mit etwa 50 Sachbearbeitern. Mehrere Serviceabteilungen waren in der Halle untergebracht: Kontoführung, Sparbücher, Ratenkredite, Darlehen, Wechselgeschäfte und der Verkauf von Devisen (im Fachjargon »Sorten« genannt) waren hier versammelt. Die Kunden wurden an Marmortheken bedient. Jeden Tag gab es ein eifriges Kommen und Gehen. Der Geräuschpegel war hoch.

Einzig der Chefkassierer hatte seinen eigenen abgegrenzten Bereich. Hinter dicken Panzerglasscheiben stand er den ganzen Tag in seinem rundherum abgeschlossenen Kasten. Sein »Aquarium« war aus Sicherheitsgründen hermetisch abgeriegelt, denn er war für sämtliche Barbewegungen zuständig. Er konnte alles sehen, aber nicht hören, was in der Kassenhalle vor sich ging. Umgekehrt konnten wir seine Bewegungen wie in einem Stummfilm beobachten. Mit seinen Kunden sprach er über ein Schaltermikrofon. Er gehörte also zur Mannschaft, aber so richtig dann doch nicht.

Der Chefkassierer war vom alten Schlag. Täglich trat er wie aus dem Ei gepellt seinen Dienst an: akkurat nach hinten geölte Haare, stets mit Weste und weißem Hemd, hochgeschürzten Ärmeln mit schwarzem Gummiband am Oberarm und gestreiften grauen Hosen. Als ich 1975 dort meine Lehre absolvierte, war er schon lange Jahre auf dem Posten.

Doch er wurde immer unzufriedener, fühlte sich in seinem Glaskasten einsam und von dem Geschehen in der Kassenhalle ausgeschlossen. Er wollte endlich unter die Kollegen und im offenen Bereich hinter der Marmortheke arbeiten. Nach langem Gezerre mit der Personalabteilung und dem Betriebsrat wurde er schließlich in die Ratenkreditbearbeitung versetzt. Ein anderer Kollege übernahm seinen Kassenjob.

Schon nach einem Monat war es so weit: Der ehemalige Chefkassierer hielt es in der neuen Abteilung nicht länger aus. Er konnte den Lärm, das viele Gerede, die direkte körperliche Nähe zu Kunden und Kollegen nicht ertragen. Er wollte so schnell wie möglich zurück in »seinen« Kassenraum. Nach erneut unangenehmen Gesprächen zeigte die Personalabteilung Verständnis. Er durfte in seine alte Funktion als Hauptkassierer zurück. Da stand er nun glückselig in seinem Glaskasten. Jahre später wurde er als dienstältester Kassierer des gesamten Bankkonzerns ehrenvoll pensioniert.

Augenmaß

Bewahren Sie sich eine kritisch-skeptische Haltung, bevor Sie mit Euphorie einen neuen Berufsweg einschlagen oder sich in neue Geschäftsfelder stürzen.

Fallen Sie nicht auf süße Versprechen herein. Lassen Sie sich nicht unbedacht ködern, beispielsweise von der Konkurrenz. Aus der Hüfte geschossen geht die Kugel meist daneben.

Es ist schwer, Menschen hinter die Stirn zu schauen. Aus meiner Erfahrung braucht es zwei Jahre, bis Sie jemanden einigermaßen einschätzen können. Erst wenn Sie unterschiedliche Situationen zusammen durchlebt haben – Erfolge, Niederlagen, private Veränderungen, vier Jahreszeiten – werden Sie sich ein Urteil bilden können.

Da Sie aber nicht immer die Zeit haben werden, zwei Jahre ins Land gehen zu lassen, bevor Sie eine Entscheidung treffen, sollten Sie sich Folgendes angewöhnen: Bringen Sie über den Hintergrund der Person, die Ihnen ein verlockendes Angebot macht, so viel wie möglich in Erfahrung. Scheuen Sie dabei keinen Aufwand. Beauftragen Sie notfalls eine Wirtschaftsagentur oder eine Detektei. Vornehme Zurückhaltung ist bei Ihrer Recherche nicht angebracht. Leuchten Sie die privaten wie geschäftlichen Verhältnisse aus. Ich würde auch immer die Vorlage eines polizeilichen Führungszeugnisses verlangen. Kontaktieren Sie Menschen, die mit der betreffenden Person in der Vergangenheit geschäftlich zu tun hatten.

Wie bitter es ausgehen kann, wenn man nicht achtsam ist, habe ich in meinem Bekanntenkreis miterlebt. Mein Freund war ein routinierter Außendienstler in der Elektronikkomponentenbranche. Als sein Arbeitgeber wegen schlechter Geschäftsführung Insolvenz anmelden musste, war er am Boden zerstört. In seiner Verzweiflung heuerte er umgehend bei der süddeutschen Konkurrenzfirma an, die er intern nicht näher kannte. Er versäumte es, sich im Vorfeld in Ruhe umzuhören.

Mit einem entsprechend unguten Gefühl unterschrieb er einen Anstellungsvertrag mit einer Probezeit von sechs Monaten. Im Vertrauen auf seine Fähigkeiten legte er engagiert los. Er überredete seine alten Kundenkontakte, von nun an Ware von seinem neuen Arbeitgeber zu beziehen. Aufgrund jahrelanger Kontakte und aus persönlicher Loyalität machten fast alle Kunden den Schritt mit.

Alle freuten sich für ihn, denn er war ein anständiger Kerl. Ich war erleichtert, dass er wieder Boden unter den Füßen hatte. Doch dann platzte die Bombe. Vier Wochen vor Ablauf der Probezeit kündigte der süddeutsche Arbeitgeber aus heiterem Himmel seinen Vertrag.

Es stellte sich heraus, dass es dem neuen Arbeitgeber nur darum gegangen war, den Kundenkarteikasten unseres Freundes in sein Buch zu bekommen. Man hatte ihn vorsätzlich mit Blick auf das erweiterte Kontaktnetz ausgenutzt. Eine ernsthafte Absicht, ihn in ein dauerhaftes Beschäftigungsverhältnis zu übernehmen, hatte wohl nie bestanden. Man hatte unserem Freund übel mitgespielt, denn er hatte sich bundesweit die Monate über abgerackert.

Bei näheren Nachforschungen stellte sich heraus, dass die »feine« Unternehmerfamilie aus Süddeutschland für ähnliche Sperenzchen bekannt war. Insider waren nicht überrascht. Mit etwas Mühe in der Recherche hätte sich unser Freund das Desaster also ersparen können.

Bleiben Sie bei der Stange

Ich kann Ihnen nicht sagen, wie lange es dauern wird, bis Sie Ihr Aha-Erlebnis haben und mit einem idealen Geschäftsmodell arbeiten können. Manchen fliegt es durch glückliche Umstände scheinbar nur so zu. Andere wiederum brauchen viele Jahre, bis ein ausgereiftes Businessmodell steht.

In keinem Fall dürfen Sie das Handtuch werfen, denn ohne das richtige Geschäftsmodell können Sie sich ansonsten ein Leben lang abrackern. Es wird einfach nicht genug für Sie dabei herausspringen.

Sie stehen vor zwei Herausforderungen:

1. Sie müssen eine optimale Geschäftsstruktur oder Laufbahn für sich finden.
2. Sie müssen ein Geschäftsmodell für sich sichern, es am Leben erhalten und jahrelang davon profitieren.

Natürlich sollten Sie bei allem Elan und Enthusiasmus für Ihre geschäftlichen Aktivitäten dennoch offen bleiben für neue Ideen und andere Möglichkeiten. Überlegen Sie aber ganz genau, welche Aktivitäten und welche Vorhaben wirklich zu Ihrem Geschäftsmodell passen.

Gefährden Sie niemals leichtsinnig, unüberlegt oder aus Langeweile Ihr zuverlässiges und bewährtes Geschäftsmodell. Mit dem Spruch »Wenn es dem Esel zu wohl wird, geht er aufs Eis« hat es schon seine Bewandtnis.

Hüten Sie Ihr Businessmodell wie Ihren Augapfel. Überlegen Sie dreimal, bevor Sie unnötige Wagnisse eingehen. Punktum!

Welchen Gefahren Sie mit einem lukrativen Geschäftsmodell vielleicht eines Tages ausgesetzt sein könnten, dazu habe ich ein paar anschauliche Beispiele für Sie gesammelt:

Der Koreakrieg

Mir ist die Bedeutung des Sprichworts »Schuster, bleib bei deinen Leisten« schon in der Jugend vermittelt worden. Ich verdanke dies meinem Großvater mütterlicherseits. Er war Lederkaufmann, zuständig für den Einkauf der gesamten Rohware (Häute und Felle) für Europas größten Lederproduzenten. In seiner Branche war er ein anerkannter Fachmann mit einem internationalen Netzwerk. Warnend erzählte er mir, wie es einer Reihe seiner Berufskollegen während des Koreakriegs (1950–1953) ergangen war.

Kriege führten schon immer zwangsläufig zu einer vermehrten Nachfrage nach Leder. Das Militär braucht Unmengen an Stiefeln, Patronengürteln, Rucksäcken, Taschen, Schnallen und Ähnlichem, alles gefertigt aus Leder. Nun hat aber die Lederindustrie eine Besonderheit. Bei industriell gefertigten Artikeln wird bei starker Nachfrage umgehend die Produktion erhöht. So kann die vermehrte Nachfrage bedient werden. Bei der Herstellung von Leder verhält es sich jedoch anders. Nirgends auf der Welt wird ein Rindvieh wegen seiner Haut geschlachtet. Der Wert eines Tieres wird durch den Fleischpreis bestimmt. Entscheidend für das Angebot an Häuten ist also der Fleischkonsum. Dieser gibt den Ausschlag, wie viele Tiere in den Schlachthöfen zu Fleisch- und Wurstwaren verarbeitet werden. Die Haut, aus der in den Gerbereien Leder gemacht wird, ist lediglich ein Überbleibsel, ein Abfallprodukt.

Der Koreakrieg brach im Juni 1950 aus und entwickelte sich zu einem internationalen Konflikt. Die Situation eskalierte. Befürchtungen wurden laut, dass sich das Säbelrasseln zu einem Dritten Weltkrieg ausweiten würde. Der Preis für Leder schnellte in der Folge nach oben, die Nachfrage sprengte alle Dimensionen, doch das Angebot reichte bei Weitem nicht aus.

Viele Freunde meines Großvaters waren als reine Handelsagenten tätig. Sie kauften und verkauften also auf Rechnung der großen Hersteller und erhielten dafür eine prozentuale Kommission. Das war ein einträgliches und sicheres Geschäftsmodell. Doch viele konnten der Versuchung des großen Profits nicht widerstehen. Angesichts der historischen Preisexplosion und der Aussicht auf einen langanhaltenden Kriegsherd wollten sie von dem Lederboom zusätzlich profitieren. Ihr Standardgeschäft in der Abwicklung auf Kommissionsbasis reichte ihnen nicht mehr aus. Also begannen sie, auf eigene Rechnung Lederbestände aufzubauen, um an den weiteren Preissteigerungen ordentlich mitzuverdienen. Dazu investierten sie nicht nur ihr Eigenkapital, sondern nahmen auch Bankkredite auf.

Mein Großvater schilderte mir, wie er seine Geschäftsfreunde vor dieser Spekulation eindringlich warnte. Sie schätzten zwar seinen Rat, hielten ihn aber für einen Angsthasen. Die Anfangsgewinne waren zu verlockend; riesige Summen waren leicht verdient. Doch mein Großvater machte sich Sorgen um seine Freunde.

Als die Sowjetunion und die Vereinigten Staaten von Amerika sich völlig überraschend im Juli 1953 einigten und den Konflikt in Korea beilegten, brach der Lederpreis zusammen. Das große Spiel in der Lederindustrie war zu Ende – und viele Handelsagenten blieben auf den zu Höchstpreisen erworbenen Warenbeständen sitzen. Sie konnten in der Folge ihre Kredite nicht mehr bedienen und mussten Konkurs anmelden.

Die Silberspekulation

Während meiner Ausbildung erlebte ich eine der größten Spekulationen aller Zeiten mit. Es begann Mitte der 1970er-Jahre. Die Gebrüder Nelson Bunker Hunt und William Hunt aus Texas begannen, in gewaltigem Stil Silber auf den Weltmärkten aufzukaufen. Der Preis einer Feinunze Silber lag vor 1973 noch bei 2 Dollar. Angelockt durch die Umtriebigkeit der Hunts sprangen immer mehr Geldanleger auf den fahrenden »Silberzug« auf.

Die Spekulationsgewinne fielen scheinbar wie ein warmer Regen vom Himmel; der Preis stieg unaufhaltsam. Die Gebrüder Hunt trieben den Preis in der Spitze bis auf das Rekordniveau von 50 Dollar pro Unze Silber. Das war im Jahr 1980. Auf dem Höhepunkt ihrer Marktbeeinflussung verfügten sie über 150 Millionen Unzen in Silberbarren und über 200 Millionen Unzen an den Warenterminbörsen. Dann platzte die Blase und der Silberpreis ging in die Knie.

In den Folgejahren war Silber für 5 Dollar pro Unze zu haben. Der Preiskollaps brach den Gebrüdern Hunt finanziell das Genick. Sie konnten ihren Zahlungsverpflichtungen nicht nachkommen und waren ruiniert. Ähnlich ging es einer ganzen Reihe von Maklern, die sich auf eigene Rechnung in die Spekulationswelle gestürzt und sich mit Silberkontrakten bis unters Dach eingedeckt hatten. In der Branche hagelte es Konkurseröffnungen.

Die Pointe der Geschichte: Der Vertrauensmakler der Hunts war die Brokerfirma A. C. Israel in Amerika. Sie wickelte als einer der Hauptakteure während der Spekulationsjahre die größten Umsätze an den Silberbörsen ab. Anders als viele ihrer Konkurrenten – trotz der Nähe zu den Hunts – engagierte sich das Unternehmen nicht mit eigenen Positionen. Es wickelte die Käufe ab und erhielt die übliche Provision. Als einige der wenigen professionellen Marktteilnehmer ging A. C. Israel unbeschadet aus dem Silber-Hexenkessel hervor.

Im Jahr 1890 in New Orleans gegründet, ist die Firma bis zum heutigen Tage erfolgreich tätig. Sie operiert inzwischen unter dem Firmennamen Ingleside. Nach wie vor gehört sie zu 100 Prozent der Gründerfamilie Israel. – *Unweigerlich musste ich an die Ledererzählungen meines Großvaters selig denken.*

Eiserne Reserve: 50 Millionen Dollar in Sydney

Im Jahr 1989 arbeitete ich in Sydney, Australien. Durch private Kontakte fand ich Zugang zur Rohstoffbranche. Damals boomte das Geschäft mit börsennotierten Explorationsfirmen. Fast täglich gab es Meldungen von Entdeckungen neuer Bodenschätze. Das Spekulationsfieber war in vollem Gang.

Ich hatte einen rührigen Kundenberater, der mich mit Tipps aus dem Outback, aus der Weite des australischen Hinterlandes, versorgte. Er pflegte direkte Kontakte zu den Geologen, die vor Ort auf den Bohr- und Fundstellen arbeiteten.

Mein Kundenberater war bei einem kleinen, auf Explorationsfirmen spezialisierten Aktienmakler beschäftigt. Das Büro war in der dritten Etage eines Hochhauses mitten im Zentrum von Sydney. Dort waren etwa zwölf angestellte Broker beschäftigt. Die Firma wurde von zwei älteren Herren geleitet, den Brüdern Jonathan und Francis S., denen die Maklerfirma auch gehörte.

Als Insider und Inhaber eines profilierten Aktienmaklerhauses hatten die Brüder S. viele Möglichkeiten, hinter dem Rücken ihrer Kunden viel Geld zu verdienen. Da gab es jede Menge Kniffe und Tricks. Vor allem lockte die Aussicht, bei lukrativen Börseneinführungen und Kapitalerhöhungen mit eigenem Kapital in erheblichem Umfang teilzunehmen. Hier lagen große Chancen, aber auch nicht zu verachtende Risiken. Mein Kundenberater und ich gingen selbstverständlich davon aus, dass zwei alte Hasen wie die Gebrüder S. in großem Stil diese Zusatzgeschäfte auf eigenes Konto betrieben. Das war damals in Sydney fast branchenüblich.

Eines Tages nach Feierabend, mein Freund war als Letzter im Büro geblieben, stieß er auf einen Bankkontoauszug, der offen auf dem Schreibtisch von Jonathan S. auslag. Mein Freund fiel aus allen Wolken. Der Bankauszug lautete auf den privaten Namen der Brüder S. Es handelte sich um ein Festgeldkonto. Das Guthaben betrug sage und schreibe glatte 50 Millionen Dollar! Aufgeregt rief mich mein Freund an.

Der Fall war ganz klar: Statt sich auf gefährliche Aktiengeschäfte mit eigenem Geld einzulassen, saßen die Gebrüder lieber auf einem ganzen Berg von Geld. Sie waren mit den sicheren und regelmäßigen Zinseinkünften aus den Festgeldern zufrieden. Damals gab es für australische Dollarguthaben etwa 8 Prozent Zinsen im Jahr. Im Börsengeschäft lebten die cleveren Brüder von den normalen Gebührensätzen, die sie ihren Kunden je nach Handelsvolumen in Rechnung stellten. Und das ging täglich ohne Risiko.

Im Jahr 1991 war meine Zeit in Australien vorbei. Ich kehrte nach Europa zurück. Die Explorationsbranche durchschritt an der Börse eine wahre Höllenfahrt. Die meisten kleinen Aktienmaklerfirmen konnten sich nicht halten. Ich hatte den Kontakt zu meinem ehemaligen Kundenberater verloren; er hatte irgendwann den Arbeitgeber gewechselt. Von Europa aus löste ich schließlich mein Aktiendepot bei dem Aktienmakler S. auf.

Jahre später, als ich während eines kalten Winters in Deutschland an meine schöne Zeit in Sydney denken musste, kamen mir die Brüder S. in den Sinn. Wie es ihnen wohl in diesen miesen Börsenphasen ergangen war? Ich erkundigte mich über meine alten Kontakte. Zu meiner Freude hörte ich, dass die Firma die

Börsenbaisse überlebt hatte. Jonathan und Francis S. waren insgesamt 50 Jahre an der Börse tätig gewesen, bis sie ihre Firma altersbedingt im Jahr 2010 in eine größere Maklerfirma einbrachten. Die 50 Millionen Dollar samt Zinsen haben sie sicher mit nach Hause genommen. – *Meinem Großvater hätte meine Geschichte vom anderen Ende Welt, von »Down Under«, sicher gut gefallen.*

Bankier oder Kaufmann?

Von 1975 bis 1977 absolvierte ich eine Lehre zum Bankkaufmann, danach ging es an die Universität. Nach einigen Semestern hatte ich die Gelegenheit, zur Berufsorientierung den Teilhaber einer Schweizer Privatbank zu treffen. Er war ein Bankier alter Schule, seine Familie leitete die Bank in vierter Generation am selben Standort und haftete unbeschränkt mit ihrem gesamten Vermögen für Verpflichtungen der Bank.

Im Gespräch erwähnte ich, dass ich vor meinem Studium den Bankkaufmannsabschluss gemacht hatte. Der freundliche Bankier korrigierte mich und erklärte mir den Bankberuf aus seiner Sicht: »Wissen Sie, Herr Elsässer, das müssen Sie sich merken. Einen Bankkaufmann, so etwas gibt es gar nicht. Einen Bankier hingegen schon. Er lebt von der Zinsdifferenz. Auf der einen Seite verdient er Zinsen, indem er Geld verleiht, auf der anderen Seite zahlt er Geldanlegern Zinsen dafür, dass diese ihm ihr Geld anvertrauen. Und das ergibt die Zinsdifferenz, von der er leben muss. Wie viel seine Kreditkunden mit den Krediten in ihren Geschäften verdienen, das muss ihn völlig kalt lassen. Das hat ihn überhaupt nicht zu interessieren. Wenn er als Kreditgeber der Versuchung nicht widerstehen kann und auch ein großes Rad drehen will, dann ist er kein Bankier mehr, sondern ein Kaufmann oder Finanzkaufmann. Ein Kaufmann geht Risiken ein, indem er etwas billig kauft und darauf hofft, es teurer zu verkaufen. Das ist eine ganz andere Art von Geschäft, das ist ein ganz anderer Beruf. Sie müssen sich also irgendwann entscheiden, ob sie ein Bankier oder ein Kaufmann sein wollen.«

Der Mann hatte recht. Ein Bankier muss sich ein Leben lang mit seinen Geldanlegern und seinen Kreditkunden befassen. Er muss deren Branchen kennen, braucht eine exzellente Menschenkenntnis und muss sich mit Rechnungswesen und Bilanzierung auskennen. Bei den Geldanlegern sind sein Ruf, seine charakterliche Festigkeit und sein Ehrenwort entscheidend. Es dauert meist Generationen, um ein erstklassiges Renommee aufzubauen. Es braucht aber nur fünf Minuten, um es für immer zu verlieren.

Wenn ich die Entwicklung in der Großbankenlandschaft während der letzten 20 Jahre betrachte und mir den Niedergang mancher Bankinstitute und deren Aktienkurse anschaue, dann wundere ich mich nicht. Die Konzernbankvorstände hätten sich besser einmal mit meinem Privatbankier unterhalten sollen. *Übrigens, die Bank ist heute noch in Privatbesitz und die Familie haftet noch immer unbeschränkt. – Meinen Großvater hätte das nicht überrascht.*

Gesellschaftliche Versuchungen

Ein solides Geschäftsmodell kann aus verschiedenen Ecken gefährdet sein. In den vorangegangenen vier Beispielen waren es pekuniäre Aspekte, die den Ausschlag für einen langfristigen Erfolg oder Niedergang gegeben haben. Ein gutes Businessmodell kann aber auch durch das private Umfeld und die gesellschaftliche Verquickung bedroht sein.

Es erscheint in manchen Berufen verführerisch, sich gesellschaftlich prominent zu verankern. Da wird jahrelang alles dafür getan, um gewisse Positionen zu ergattern, beispielsweise Vorsitzender im Ruderclub, Mitglied im Rotary Club oder im Stiftungsrat einer Industriellenfamilie. Je nach Persönlichkeit sind die Motive unterschiedlich:

- um die Eitelkeit zu befriedigen
- um Prestige in bestimmten Kreisen zu erfahren
- um geschäftliche Türen zu öffnen

Das ist ein gefährliches Pflaster. Ich habe Menschen erlebt, die diesen Weg bis zur Perfektion beschritten haben: die klassischen Jasager und Mitläufer, bereit zu einer devoten Anpassung in den jeweiligen Gremien.

Bauen Sie Ihre berufliche Zukunft nicht auf die Zugehörigkeit zu prestigeträchtigen Cliquen auf. Seien Sie diesbezüglich vorsichtig und zurückhaltend. Denn auf Dauer bleibt solch eine Haltung nicht ohne negative Begleiterscheinungen. Die Gefahr ist groß, dass Sie aufgrund Ihrer gesellschaftlichen Einbindung in Ihrem ureigenen Geschäftsmodell nicht mehr genug arbeiten. Sie sollten sich also fragen, ob der Zeitaufwand auf dem gesellschaftlichen Parkett die Sache wirklich wert ist. Vielleicht wäre Ihr Engagement in Ihrem eigenen Geschäft besser für Ihren langfristigen Erfolg?

Ein zweiter Aspekt ist zu berücksichtigen: Die Anpassung, um ja dazuzugehören, kann auf Ihre Persönlichkeit abfärben. Falls Sie zu einer Deformation Ihres Charakters nicht bereit sind, sollten Sie gesellschaftliche Klimmzüge bleiben lassen. Jede Art von Verstellung bringt nichts. Als bunter Papagei werden Sie sich unter den grauen Spatzen nicht verstecken können.

Auch im engeren Freundeskreis sollten Sie keine Angst vor dem Alleingang haben. Stellen Sie Ihre Interessenlage in den Vordergrund. Halten Sie nicht an lähmenden Freundescliquen fest, falls Sie diesen seit Jahren schon entwachsen sind.

Ich empfehle Ihnen, Ihr Geschäftsmodell und Ihre Karriere so aufzubauen, dass Sie auch noch nach Jahren mit Freude und Stolz Ihre Arbeit betrachten können.

Wenn Ihr Businessmodell Ihnen freie Bahn zu außerordentlichen Erfolgen ermöglicht, dann müssen Sie sich auf eines einstellen: Je höher Sie aufsteigen, umso einsamer wird es für Sie. Die Steuerung Ihres Geschäftsmodells liegt allein in Ihrer Hand. Es diszipliniert einzuhalten und konsequent zu betreiben – das können Sie nicht delegieren.

Das Ausschlussprinzip

Ihr Geschäftsmodell ist die Komponente, mit der Sie Ihr gesamtes Paket an Ausbildung und Schliff, an Leistungsfähigkeit und Leistungsbereitschaft abrufen. Es bestimmt die Dimension, mit welcher Sie Ihr Gesamtpotenzial auf Ihrem Erfolgsweg kapitalisieren werden.

Ich werde Ihnen in den nächsten Abschnitten Anregungen für interessante Geschäftsmodelle geben, und zwar sowohl für Berufslaufbahnen im Angestelltenverhältnis als auch im Unternehmertum. Zuvor möchte ich aber ein paar grundsätzliche Aspekte erwähnen, die Ihnen helfen werden, sich zu orientieren, denn in vielen Berufen ist es gar nicht so einfach, mit dem richtigen Geschäftsmodell zu starten. Falls Sie unschlüssig sind und sich da schwertun, gehen Sie nach dem Ausschlussprinzip vor.

Hier einige Punkte, die Sie vorweg abklopfen sollten.

- Sind Sie finanziell orientiert oder aufgabenorientiert?
  Nicht alle Geschäftsmodelle müssen auf eine Maximierung Ihres Einkommens ausgerichtet sein. Ein Onkel von mir war ein talentierter Jurist. Er hatte beste Aussichten, in einer der Topkanzleien für Wirtschaftsrecht Partner zu werden. Doch der Gedanke, ein Leben lang im Auftrag von Großkonzernen gegen kleinere Wettbewerber juristisch vorzugehen und diese in die Pfanne zu hauen, gefiel ihm nicht. Solche noch so lukrativen Mandate konnten ihn nicht reizen. Ihm war es wichtig, sein Talent und seinen Berufsweg einer höheren Sache in den Dienst zu stellen. Er kündigte und trat ins Auswärtige Amt ein. Während seiner Diplomatenkarriere vertrat er sein Heimatland im Ausland. Er wollte sich dafür einsetzen, Deutschlands ramponiertes Ansehen nach dem Zweiten Weltkrieg zu verbessern. Für ihn war das ein sinnvolleres Geschäftsmodell. Sein Erfolgsfahrplan war das Engagement für eine gute Sache.
  In allen Berufszweigen und Branchen gibt es ähnliche Möglichkeiten, inhaltsorientierte Alternativen zu finden:
  - Es gibt Mediziner, die nicht als niedergelassene Ärzte arbeiten wollen. Stattdessen entscheiden sie sich für Non-Profit-Organisationen wie Ärzte ohne Grenzen, die Weltgesundheitsorganisation (WHO) oder gehen in die Forschung.
  - Zahlreiche Handwerker, Techniker und Ingenieure bringen sich in Entwicklungshilfeprojekte wie den Bau von Brunnen oder Berufsschulen ein.
  - Finanzfachleute stellen ihr Fachwissen dem Aufbau von Mikrokreditorganisationen oder wohltätigen Stiftungen zur Verfügung, statt als Investmentbanker Geld zu scheffeln.

- Organisationsfachleute und Unternehmensberater übernehmen die Leitung von großen Jugendorganisationen, statt beispielsweise im Sanierungsmanagement in der Wirtschaft Arbeitsplätze zu streichen.

Über eines müssen Sie sich im Klaren sein, wenn Sie sich für eine inhalts- und aufgabenorientierte Karriere entscheiden: Die Arbeit an sich wird nicht das Problem sein, die Herausforderung wird vielmehr in der Bewältigung des Alltags liegen. Wenn Sie Pech haben, setzt nach einer ersten Euphorie die Ernüchterung ein: Ineffizienzen, lähmende Routine und charakterschwache Kollegen sowie wenig überzeugende Vorgesetzte können Ihnen unter Umständen Ihren Beruf verleiden. Hoffentlich werden Sie nicht zu den Mitarbeitern gehören, die – frustriert und zynisch geworden – den Tag ihrer Pensionierung kaum abwarten können.

Mein Großvater väterlicherseits, Prof. Anton Elsässer, ein strebsamer und vermögensorientierter Mensch, warnte mich früh vor hochtrabenden und inhaltsorientierten Berufswegen. Sein ultimativer Appell lautete: »Egal, was du später auch machst, vergiss eines nicht. Arbeite nie als Angestellter für die katholische Kirche und auch nicht für die Kommunistische Partei (KPD). Die verfolgen jeweils aus ihrer Sicht die allerhöchsten Ideale, sind aber – vielleicht gerade deswegen – *richtig schlechte* Arbeitgeber.«

- Welches Modell ist besser für Sie: ein kleiner Fisch in einem großen Teich zu sein oder ein großer Fisch in einem kleinen Teich? An diesen Gesichtspunkt denken nur wenige Menschen, wenn sie ihr Geschäftsmodell entwickeln. Für Ihr Wohlbefinden kann die Kleiner-Fisch-großer-Fisch-Alternative langfristig wichtig sein. Um das zu veranschaulichen, gebe ich Ihnen drei Beispiele. Entscheiden Sie: Welches Berufsziel würde Sie wohl mehr ansprechen?
  - Lieber Deutscher Botschafter in Trinidad, zuständig für die Karibik, oder Kulturattaché auf der dritten Hierarchieebene in der Großbotschaft Washington, zuständig für die kulturellen Beziehungen Deutschlands in Amerika?

- Lieber Bürgermeister im hessischen Wald-Michelbach mit 11.000 Einwohnern oder Referatsleiter in untergeordneter Position in der EU-Zentrale in Brüssel, verantwortlich für die europäischen Agrarsubventionen?
- Generalimporteur von Filteranlagen in Dänemark oder lieber in Deutschland?
  Was wäre der Unterschied? In Dänemark umfasst der Gesamtmarkt derzeit 50 Kunden. Sie hätten also die Chance, mit einem Marktanteil von 60 Prozent Marktführer zu werden. Dann hätten Sie 30 Stammkunden. Die Entfernung zu Ihrer Kundschaft wäre kurz, die Straßen nicht verstopft. Sie wären jeden Abend zu Hause.
  In Deutschland gibt es in der Branche zur gleichen Zeit 2000 Kunden. Ihr Ziel wäre es, einen Marktanteil von 5 Prozent zu erreichen. Sie hätten dann 100 Kunden. Sie wären permanent bundesweit auf Achse, litten unter Verkehrsstaus und wären bei Airbnb oder in Hotels Stammkunde. Ihre Familie bekäme Sie wohl nur am Wochenende zu sehen.

Denken Sie gut darüber nach, wohin Sie Ihr Geschäftsmodell auf Dauer führen wird, bevor Sie Ihr Geschäftsfundament in Beton gießen. Ab einem gewissen Punkt gibt es kein Zurück. Natürlich ist stets eine radikale Umkehr möglich (die Betonung liegt auf »radikal«), aber das erfordert viel Mut und wird Ihnen einiges an Opferbereitschaft abverlangen. Auch hierzu ein Beispiel:

> Einer meiner Bekannten hatte sich als Jurist früh für eine Beamtenlaufbahn in einem Bundesministerium entschieden. Nach fünf Jahren hielt er es nicht mehr aus. Das Eingebundensein in den bürokratischen Apparat, und dies mit limitierten Verdienstmöglichkeiten, war einfach nicht sein Ding. Zum Entsetzen seiner jungen Familie gab er den sicheren Beamtenstatus auf, drückte noch einmal die Schulbank und absolvierte eine Zusatzausbildung zum Notar. Wie er mir sagte, war diese Zeit nicht gerade lustig: »Da mussten wir ganz kleine Brötchen backen.«

Nach Ablegung der staatlichen Notariatsprüfung und längeren Auseinandersetzungen mit den zuständigen Zulassungsbehörden, gelang es ihm, sich in einer deutschen Wirtschaftsmetropole als Notar niederzulassen. Aufgrund seiner internationalen Fach- und Sprachkenntnisse baute er mit großem Fleiß eine renommierte Notariatskanzlei auf. Im Alter von 70 Jahren ging er als vielfacher Multimillionär zufrieden in Pension. Seitdem kümmert er sich um sein Vermögen.

An Ihrer Stelle würde ich noch über weitere Aspekte nachdenken:

- Sind Sie eher extrovertiert oder introvertiert veranlagt? Mit einer extrovertierten Veranlagung brauchen Sie in Ihrem Geschäftsmodell in irgendeiner Form eine Bühne, eine Zuhörerschaft, den Auftritt. Im stillen Kämmerlein gehen Sie früher oder später ein. Als introvertierter Mensch ist Ihnen von Auftritten in der Öffentlichkeit abzuraten.
- Besitzen Sie eine Dienstleistungsmentalität oder identifizieren Sie sich im weitesten Sinn lieber mit einem Produkt? Der Oberkellner Gustav Fruhmann hat ein Leben lang international gearbeitet. In seiner Autobiografie *Im Frack um die Welt. Erlebnisse eines Oberkellners in 4 Erdteilen* trifft er den Nagel auf den Kopf: »Wer als Kellner nicht lächeln kann, wäre im Leben besser Gast geworden.«
- Sind Sie in Ihrem Arbeitsumfeld ein menschenorientierter Typ oder technik-/funktionsorientiert?
  - Besitzen Sie Talent zur Menschenführung?
  - Haben Sie Freude daran, sich mit anderen Menschen abzugeben, oder arbeiten Sie lieber ungestört an technischen Lösungen?
  - Bevorzugen Sie die geistige Auseinandersetzung mit einer intellektuellen Herausforderung?
  - Betrachten Sie den Umgang mit Ihren Berufskollegen eher als Zeitverschwendung?
- Sehen Sie sich eher als ein Teammitglied oder drängt es Sie, allein Verantwortung zu tragen?

- Können Sie es ertragen, nur ein Teil des Geschehens zu sein, in dem Sie mit Ihrer Expertise lediglich einen kleinen Beitrag zum großen Ganzen leisten?
- Oder werden Sie erst glücklich, wenn Sie als Kapitän verantwortlich den Kurs des Tankers bestimmen?
- Worin sind Sie wirklich gut und was liegt Ihnen ganz und gar nicht?

Sie dürfen Ihr Businessmodell auf keinen Fall auf einer Ihrer Schwächen aufbauen. Das wäre fatal. Die Stützpfeiler Ihres Geschäftsmodells müssen auf Ihren Stärken ruhen und im Zentrum Ihrer Aktivität stehen. Alle anderen Aufgaben sollten Sie delegieren oder auslagern. Wer also selbst ein schlechter Verkäufer ist, sollte nicht anstreben, eine Vertriebsagentur mit 120 Mitarbeitern zu leiten.

- Sind Sie lokal gebunden oder ein offener Kosmopolit?
  - Taugt Ihr Privatleben zu einer internationalen Businesskarriere? Haben Sie einen Lebenspartner, der willens ist, mit Ihnen achtmal im Ausland umzuziehen? Ansonsten wird es nichts mit Ihrem Vorhaben »Konzernvorstand in Vevey am Genfer See«. Es sei denn, Sie kalkulieren die Scheidung gleich von vornherein mit ein.
  - Haben Sie den Langmut, an ein und demselben Ort der stets gleichen Tätigkeit ein Leben lang nachzugehen? Das ist alles eine Frage Ihres persönlichen Zuschnitts, der in Ihrem Geschäftsmodell zu berücksichtigen ist. Hierzu habe ich ein illustres Beispiel.

Der Unternehmer Nicolas Hayek Senior (1928–2010), im Libanon geboren und aufgewachsen, heiratete 1951 in eine Schweizer Industriellenfamilie ein. Schon nach kurzer Zeit übernahm er von seinem Schwiegervater die Leitung der Maschinenbaufirma. Nicolas Hayek war zu beneiden: dem politischen Chaos des Libanon entkommen, Mitglied einer Schweizer Familie, in jungen Jahren Chef einer Firma. Geradezu paradiesische Verhältnisse, die er angetroffen hatte. Doch dieses Geschäftsmodell passte nicht zu ihm.

Schon nach wenigen Jahren legte er die Geschäftsführung nieder. Er suchte ein Businessmodell, das ihm die Möglichkeit bot, »jeden Tag etwas dazuzulernen«, wie er in einem Interview sagte. Er gründete 1957 die Unternehmensberatung Hayek Engineering. Die Firma expandierte und beschäftigte 150 Mitarbeiter. 1983 war Hayek dann Mitbegründer der Swatch Group und ab 1986 deren Chairman und Großaktionär. Er gilt zu Recht als der Retter der Schweizer Uhrenindustrie.

Heute leitet sein Sohn, Nicolas Hayek Jr. (68 Jahre), den Swatch-Weltkonzern, den sein Vater aus der Taufe gehoben hat. Das Privatvermögen der Hayeks wird auf mehrere Milliarden Schweizer Franken geschätzt.

Mit der Anwendung des Ausschlussprinzips ergeben sich klare Konsequenzen für Sie. Einerseits wird Ihnen bewusst, was Sie sich nicht zumuten sollten. Andererseits führen Sie sich vor Augen, worauf Sie auf gar keinen Fall verzichten möchten. Fragen Sie sich, ob es Ihnen im tiefsten Inneren wehtun würde, wenn Sie eine bestimmte Tätigkeit nicht ausüben dürften. Die Beantwortung dieser Frage hat Priorität, bevor es konkret wird mit der Wahl Ihres Geschäftsmodells. Daraus ergeben sich weitere Überlegungen, beispielsweise auf welche Seite des Tisches Sie gehören.

Sehen Sie sich eher

- als mächtigen Einkäufer, der die Hosen anhat, zu dem die Lieferanten täglich mit dem Hut in der Hand mit einer tiefen Verbeugung antreten,
- als aggressiven Verkäufer, der die ständige Herausforderung sucht, sein Budget-Umsatzziel zu erreichen,
- als Administrator, der hinter anderen aufräumt,
- in der technischen Projektarbeit?

Diese Fragen haben nichts mit Ihrer Grundausbildung oder Ihrem ersten Job zu tun. Hier geht es um Ihre persönliche Disposition. Sie müssen ehrlich mit sich sein, sonst führt Ihr Erfolgsfahrplan Sie ans falsche Ziel. Da klingt mir der Song von Christian Anders aus dem Jahr 1972 in den Ohren: »Es fährt ein Zug nach Nirgendwo«.

Zwölf Punkte als Massstab

Für Ihr Geschäftsmodell als selbstständiger Unternehmer, aber auch für die Einschätzung der Erfolgsaussichten Ihres Arbeitgebers brauchen Sie einen Maßstab, an dem Sie sich orientieren können. Dazu möchte ich Ihnen einen Zwölf-Punkte-Katalog für ein optimales Businessmodell vorstellen. Die Überlegungen stammen von Richard Russell (Amerika, 1924–2015), einem legendären Finanzpublizisten. Er gab von 1953 bis 2015 den Börsendienst »Dow Theory Letters« heraus, den er bis kurz vor seinem Tod mit 91 Jahren eigenhändig verfasste. Schon im Jahr 1970 stellte er seinen Lesern zum ersten Mal seinen Zwölf-Punkte-Plan für ein optimales Business vor, an dessen Aktualität sich nichts geändert hat.

Das optimale Businessmodell

1. ein Produkt oder eine Dienstleistung – mit weltweitem Bedarf
2. ein Produkt oder eine Dienstleistung – mit einem wirklichen Nutzwert, etwas, das wirklich gebraucht wird
3. ein Produkt oder eine Dienstleistung – nicht leicht zu ersetzen, nicht so einfach austauschbar
4. je weniger Personal, desto besser – viel auslagern und lohnfertigen lassen
5. kein großer Verwaltungsapparat
6. nicht kapitalintensiv
7. ein gutes Cashflow-Business
8. wenig Regularien – frei von behördlichen Beschränkungen
9. ein mobiles Geschäft – nicht an einen bestimmten Standort gebunden
10. eine Tätigkeit, die Ihnen Freude bereitet und befriedigend ist
11. eine Tätigkeit, die noch genug Zeit für ein Privatleben lässt
12. ein Business, das nicht von einer Person abhängt

Nur wenigen von Ihnen wird es gelingen, in Ihrem Geschäftsmodell sämtliche Punkte mit einem Haken zu versehen. Und ebenso selten werden Sie einen Arbeitgeber finden, dessen Geschäftsmodell allen zwölf Punkten entspricht. Darauf kommt es aber auch nicht an. Wichtig ist, dass Sie diesen Maßstab zur Orientierung nutzen. Es fällt Ihnen dann leichter zu entscheiden, in welche Richtung Sie sich bewegen sollten, wenn sich die Gelegenheit zu Veränderungen ergibt. Und wer weiß, ob Sie nicht doch eines Tages in Ihrem Geschäftsmodell die vollen zwölf Punkte erzielen. Anzustreben ist es in jedem Fall. Lassen Sie nicht locker!

Der beste Vertreter Ihrer Interessen – als Angestellter

Eine optimale Berufslaufbahn im Angestelltenverhältnis entwickelt sich nicht von allein. Sie sollten sich nicht darauf verlassen, dass Sie zum Thron getragen werden. Vorgesetzte und Kollegen werden Ihnen die Kastanien nicht aus dem Feuer holen. Doch mit fleißiger Arbeit allein ist es ebenfalls nicht getan. Das Zauberwort heißt »Planung«.

Ich staune immer wieder, wie wenige Menschen sich über ihre private und berufliche Zukunft konkrete Gedanken machen. Besonders jungen Menschen ist anzuraten, sich unverkrampft, aber zielstrebig mit ihren Zukunftsplänen zu beschäftigen. Das ist scheinbar gar nicht so selbstverständlich dieser Tage. Mit meiner langjährigen Berufserfahrung muss ich häufig ungläubig den Kopf schütteln. Wie kann es sein, dass Menschen mit einer hoffnungsvollen Zukunft die Zügel derart schleifen lassen?

Dazu drei Beispiele aus meinem persönlichen Umkreis:

- Neulich besuchte mich ein junger Freund aus den Niederlanden. Er hat endlich eine feste Anstellung in einer Werbeagentur gefunden. Seine Frau erwartet ihr erstes Kind. Sie wohnen in einem kleinen Apartment im fünften Stock ohne Aufzug. Auf meine Frage nach den weiteren Plänen bekam ich als Antwort: »Wir haben keine Pläne.« Erstaunlich. Da muss man sich später nicht wundern, wenn das Schicksal mit einem Schlitten fährt.

- Ein Freund meines Sohnes, ein begabter IT-Spezialist, übt seit drei Jahren seinen ersten Job aus. Er hat sich ein kleines Haus gekauft, hypothekenfinanziert. Auch das Familienglück hat Einzug gehalten, seine Frau und er haben Nachwuchs bekommen. Von mir angesprochen, wie es beruflich weitergehen solle, musste ich mir anhören, dass er »keine Ahnung« habe. Er würde irgendwann schon sehen, »was sein Chef so zu sagen habe«. Ich musste ihm erst einmal klarmachen, dass er nicht davon ausgehen sollte, dass sich seine Vorgesetzten den Kopf über seine Befindlichkeiten zerbrechen. Ganz im Gegenteil. Meist atmet die Firmenleitung erfreut durch, wenn sie jemanden gefunden hat, der die Arbeit zuverlässig erledigt – am besten 15 Jahre lang ohne Beförderung! Da heißt es hinter vorgehaltener Hand: »Hoffentlich rührt er sich nicht.«
- Der Sohn eines Bekannten wechselte nach Abschluss eines fünfjährigen dualen Studiums in das Team einer Familienholding. Er hat es gut angetroffen, eine schöne Stabsaufgabe in einer Mergers-&-Acquisitions-Abteilung (Firmenübernahmen). Er durfte viele Projekte analysieren. Nach zwei Jahren wurde es ihm doch ein wenig langweilig. In seiner Not wandte er sich an mich. Hatte er zuvor mit der Personalabteilung oder seinem Geschäftsführer gesprochen? Natürlich nicht!

Mit solch einer Haltung kommen Sie nicht auf die Überholspur. Je früher Sie über Ihre Ambitionen mit den Vorgesetzten sprechen, desto besser. Unter Umständen decken sich die Vorstellungen Ihres Arbeitgebers, was Ihre zukünftigen Perspektiven anbetrifft, in keiner Weise mit den Ihrigen. Je eher Ihnen das klar wird, umso weniger vergeuden Sie Ihre Zeit mit Illusionen.

Haben Sie keine Angst davor zu erfahren, wie es auf Ihrer jetzigen Arbeitsstelle wirklich um Sie steht. An der Wahrheit führt kein Weg vorbei. Die Kollision bei der unterschiedlichen Einschätzung Ihres Berufspotenzials ist ein typisches Beispiel für die Disparität der Interessen von Angestellten und Arbeitgebern.

Als junger Manager musste ich das in unangenehmer Weise erfahren. Ich war in Fernost auf einer Führungsposition stationiert. Mein Chef aus der fernen Zentrale kam nur einmal im Jahr vorbei. Damals gab es kein iPhone, WhatsApp, Zoom oder Skype. Da sich die Zeit meines Auslandseinsatzes dem Ende neigte, erkundigte ich mich, wie es denn daheim im Hauptquartier aussehe.

Zu meinem Erstaunen sagte er: »Es ist ganz schrecklich. Für die weitere Zukunft haben wir gar keine richtigen Leistungsträger an Bord. Da haben wir ein echtes Problem.«

Ich war sprachlos. Hier saß ich ihm als bewährter Jung-Topmanager im Jahresgespräch gegenüber und er sagte so etwas! Da wurde mir erst einmal klar, dass die Geschäftsleitung eine völlig andere Sicht auf meine Person hatte. Ich hätte noch jahrelang auf eine Beförderung warten können.

Sollten Sie eines Tages in ein ähnliches Dilemma geraten: Machen Sie sofort den Mund auf! Lassen Sie sich das nicht gefallen. Argumentieren Sie.

Worauf kann eine solche Diskussion im Einzelfall hinauslaufen? Vielleicht lässt sich der falsche Eindruck, der sich in der Kommandozentrale – warum auch immer – festgesetzt hat, noch korrigieren. Eventuell gibt man Ihnen eine Chance, Ihr Können unter Beweis zu stellen. Vielleicht fahren Sie aber auch mit Ihren Ambitionen vor die Wand. Dann müssen Sie sich die Frage stellen: Wer hat nun recht? Es gibt zwei Möglichkeiten:

1. Sie schätzen sich in Ihrem Ehrgeiz nicht realistisch ein und Ihre Vorgesetzten haben recht. Das ist eine gute Gelegenheit, gemeinsam eine alternative Laufbahn in der Firma zu entwickeln. So kommen Sie in den Genuss eines wertvollen Coachings und werden von einem Irrweg abgehalten.
2. Ihr Talent und Potenzial werden in sträflicher Weise falsch eingeschätzt und die ganze Debatte mit den Führungskräften und der Personalabteilung ist nutzlos. Ich empfehle Ihnen, schleunigst den Arbeitgeber zu wechseln und sich nach Alter-

nativen umzuschauen. Vielleicht ist dies der Augenblick, über eine Selbstständigkeit nachzudenken.

Es kann Ihnen aber auch blühen, dass Sie auf der Stelle entlassen werden – sozusagen »standrechtlich erschossen«. Darauf müssen Sie gefasst sein. Das passiert häufiger, als Sie denken. Deshalb: Bevor Sie in ein solches »Showdown«-Gespräch hineingehen, legen Sie sich Ihren alternativen Plan B zurecht. Dann verhandelt es sich besser.

Denken Sie immer daran: Sie allein sind der beste Vertreter Ihrer Interessen. Stellen Sie die Planung Ihrer Berufslaufbahn nicht hintan. Überwinden Sie den natürlichen Reflex, schockiert zusammenzuzucken, wenn Sie von Ihrer Firma schwer enttäuscht werden. Reagieren Sie nicht beleidigt. Fressen Sie Ihren Frust nicht in sich hinein. Die Wut bringt Sie nicht weiter.

Es geht durchaus anders. Behalten Sie den Überblick und stellen Sie sich auf die Hinterbeine. Ein Freund von mir in England hat es richtig gemacht.

Er war Marketingleiter in der englischen Tochtergesellschaft eines deutschen Food-Konzerns. Als sein Vorgesetzter, der lokale Geschäftsführer, kündigte, wurde in der Konzernzentrale debattiert, wie die Nachfolge zu regeln sei. Ein Headhunter wurde engagiert, nach geeigneten Kandidaten im Arbeitsmarkt zu suchen. Es vergingen viele Wochen. Nichts tat sich.

Mein Freund war enttäuscht, hatte er doch insgeheim erwartet, als einer der geeigneten Kandidaten angesprochen zu werden. Schließlich wurde es ihm zu bunt, er buchte einen Flug nach Deutschland und bat um einen Termin beim Konzernchef. Nach kurzem Small Talk über das Geschäft und das englische Wetter wurde er nach dem Anlass seines überraschenden Besuchs gefragt.

»Wieso geben Sie mir eigentlich nicht die Chance, mich als England-Geschäftsführer zu bewerben?«, fragte er frei heraus.

Der Chef war überrascht. Obwohl mein Freund schon viele Jahre in dem Konzern beschäftigt war, hatte die »obere Heeresleitung« keine Ahnung von seinem beruflichen Background.

In diesem Gespräch konnte er darlegen, dass er bei früheren Arbeitgebern einen breiten Erfahrungsschatz im Vertrieb und in der Fertigungstechnik hatte sammeln können. Er sei deshalb allemal für den Geschäftsführerposten qualifiziert.

Offensichtlich hinterließ er in dem Vieraugengespräch einen kompetenten Eindruck. Schon am nächsten Tag fiel die Entscheidung: Er wurde zum Geschäftsführer ernannt.

Gerade firmenintern haben Sie oft viel bessere Karten, als Sie denken. Aber nur, wenn Sie von sich aus zur Aktion schreiten. Denn bei den meisten Unternehmen

- ist die Sektion »Personalentwicklung« innerhalb des Personalwesens schlecht geführt,
- existiert die Abteilung »Entwicklung des Nachwuchses« gar nicht im Organigramm,
- hat die Personalabteilung innerhalb der Firma nichts zu sagen und ist eine reine Personalaktenverwaltung.

Erkundigen Sie sich vorab lieber bei Kollegen, ob Sie sich überhaupt vertrauensvoll an die Personalabteilung wenden können. In vielen Unternehmen können Sie sich nicht auf die Loyalität der Personalabteilung Ihnen gegenüber verlassen. Es ist gar nicht so selten, dass Sie vom Personalsachbearbeiter bei Ihrem Vorgesetzten »verpetzt« werden.

Bevor Sie also impulsiv den Arbeitgeber wechseln, klopfen Sie unbedingt Ihre hausinternen Chancen ab. Bei aller Bescheidenheit: Machen Sie auf sich aufmerksam. Innerhalb Ihrer Firma haben Sie allein schon deshalb eine gute Ausgangsbasis, weil Sie dem Arbeitgeber die Kosten für einen teuren Headhunter ersparen – falls Ihr Nachfolger im Markt angeheuert werden müsste.

Angestelltenkarriere – mit mehr Kreativität

Es lohnt sich, ausgetretene Berufslaufbahnen zu verlassen und kreativere Wege einzuschlagen. Denken Sie einmal über clevere Geschäftsmodelle innerhalb Ihres Angestelltenuniversums nach. Exemplarisch zeige ich Ihnen für einige Berufsgattungen Perspektiven auf.

In der Militärlaufbahn

Statt in der Heimat auf Posten zu versauern oder sich von einem Bundesland zum anderen versetzen zu lassen, ergreifen Sie zielorientiert alle nötigen Maßnahmen, um sich für eine attraktivere Tätigkeit zu positionieren; beispielsweise

- bei der Nato,
- bei Einsätzen der Vereinten Nationen (UN),
- beim militärischen Abschirmdienst (MAD),
- beim Bundesnachrichtendienst (BND),
- als Militärattaché an einer deutschen Botschaft.

Ein wichtiger Hinweis für das Geschäftsmodell »Militärattaché im Ausland«: Hier kommt es auf den richtigen Standort an. Lassen Sie sich nur an deutsche Botschaften in solchen Ländern versetzen, die entweder über viel eigene Rüstungsindustrie verfügen oder einen hohen Importbedarf an Kriegsgerät haben.

Die Geschäftsverbindungen, die Sie vor Ort als Militärattaché aufbauen, bieten Ihnen die beste Möglichkeit, sich nach Ihrer Pensionierung selbstständig zu machen, etwa als Exportberater für die deutsche Rüstungsindustrie oder als Importberater für ausländische Waffenproduzenten beim deutschen Verteidigungsministerium. Mit diesem langfristig ausgelegten Geschäftsmodell haben Sie gute Chancen, nach Ihrer Beamtenlaufbahn als Pensionär Multimillionär zu werden.

In der Ministerialbeamtenlaufbahn

Mit dem richtigen Geschäftsmodell und einer konsequent umgesetzten Planung steht Ihnen ein weiter beruflicher Horizont offen. Lukrative Positionen wären beispielsweise anzustreben

- in den Zentralen der Europäischen Union (EU),
- in Dachorganisationen und Fachverbänden,
- bei internationalen Organisationen, wie dem Europäischen Patentamt in Den Haag, der UNESCO in Paris oder der World Trade Organization (WTO) in Genf,
- in weltweit tätigen Hilfsorganisationen,
- in Unternehmen im Staatsbesitz, die zur Privatisierung anstehen,
- in den Aufsichtsräten von Industriekonzernen.

Beamte, die den normalen Trott und Beförderungsrhythmus ihrer Behörde akzeptieren, würden sich wundern, was hinter den Kulissen los ist. Mit Selbstverunsicherung und naiver Zurückhaltung werden sie Spitzenpositionen außerhalb der gewohnten Pfade aber nicht erklimmen.

Ich habe dazu eine nette Geschichte, mit welch unkonventionellem Einsatz erfolgreiche Menschen in diesem gehobenen Umfeld vorgehen.

> Ein Verwandter von mir war als Botschafter in einem europäischen Nachbarland auf Posten. Die eindrucksvolle Residenz hatte einen großen Garten. Das traf sich gut, denn mein Verwandter war ein leidenschaftlicher Hobbygärtner. Es war Sonntagnachmittag. Der Botschafter kümmerte sich gerade im Gärtneroutfit um seine Staudenbeete.
>
> Plötzlich stand jemand unangemeldet am großen Eingangstor der Residenz und rief laut nach ihm. Nanu, an einem Sonntag? Was konnte das wohl bedeuten? Es war der ehemalige Generalstaatsanwalt des Landes. Er hatte gerade seinen Posten aufgegeben und befand sich auf Jobsuche. In Genf stand in einigen Monaten die Neubesetzung der Leitung der World Trade Organization (WTO) an. Durch das hohe, geschlossene Eisentor bedrängte er den Botschafter,

dass dieser sich in seiner Funktion beim deutschen Bundeskanzler für ihn einsetzen möge. Die deutsche Regierung sollte seine Kandidatur als Präsident der WTO unterstützen.

Leicht verdattert, in seiner Sonntagsruhe gestört, in schmutzigen Gartenhosen mit der Gartenharke in der Hand, sagte der Botschafter zu, sich der Sache anzunehmen.

Und wie ging die Geschichte aus? Tatsächlich bekam der ehemalige Generalstaatsanwalt den Posten des Präsidenten der WTO. Das war doch ein überzeugendes Geschäftsmodell an Umtriebigkeit. – *Ich war beeindruckt, was sich mit solchen Sonntagsspaziergängen doch alles erreichen lässt!*

Im Lehrberuf

Auch für Lehrer an staatlichen Schulen gibt es alternative Szenarien zur traditionell festgelegten Laufbahn:

- Versetzung an eine der 137 weltweit anerkannten Deutschen Schulen im Ausland,
- Privatlehrer für Kinder vermögender Familien, die an mehreren internationalen Standorten ihre Wohnsitze haben (die Zahl dieser Familien steigt seit Jahren und wird in den nächsten Jahren sprunghaft zunehmen),
- selbstständiger Nachhilfelehrer oder Franchisenehmer von Nachhilfeorganisationen,
- Fachbuchautor oder Entwickler digitaler Lehrprogramme,
- beruflicher Wechsel in ein Kultusministerium.

In schlecht bezahlten Berufen

Die Welt ist nicht gerecht. Manche Tätigkeiten sind in Deutschland schlecht bezahlt. Ich denke da an Beschäftigte im Friseurgewerbe und in der Goldschmiedekunst. Sicher sind Ihnen andere Fälle an Unterbezahlung bekannt. Ich finde es besonders verwerflich, dass Tätigkeiten, die für unsere Gesellschaft einen lebensnotwendigen Beitrag leisten, nicht korrekt entlohnt werden – beispielsweise Hebammen, Kranken- und Altenpfleger, um nur einige zu nennen.

Falls Sie in einer solchen Berufsgattung arbeiten und Sie Ihr Metier trotz schlechter Bezahlung gerne ausüben, so gibt es auch hier kreative Lösungen abseits der Standardberufslaufbahnen. Es erfordert jedoch eine gewisse Flexibilität, etwas Engagement und Mobilität. Drei Beispiele dazu:

- Ein deutscher Bekannter unserer Familie hat als Krankenpfleger in Oslo gearbeitet, weil er in Norwegen das Dreifache verdienen konnte. Kürzlich ist er im Alter von 55 Jahren in Pension gegangen. Er hat sich mit seinen Ersparnissen seinen Traum verwirklicht: Er hat ein Stadthaus in einer deutschen Kleinstadt gekauft und betreibt dort ein Buchantiquariat.

  Generell ist das Lohnniveau in Norwegen hoch. Das Durchschnittsjahreseinkommen liegt bei 80.000 Euro, in Deutschland beträgt es lediglich 47.000 Euro. Nur als Anhaltspunkt: Der Stundenlohn einer Putzfrau kann in Norwegen bis zu 33 Euro in der Stunde betragen.

Wer also mobil ist, vor Ort sparsam lebt und bereit ist, sich international zu bewegen, hat die Möglichkeit, seine finanzielle Situation zu verbessern.

Erkundigen Sie sich, wie es in Ihrem Beruf jenseits der Landesgrenzen mit dem Entlohnungsniveau aussieht. Vergleichen Sie das Gehalt mit den dortigen durchschnittlichen Lebenshaltungskosten. Zucken Sie bei höheren Kosten laut Statistik aber nicht gleich zurück. Orientieren Sie sich daran, mit welchen Prioritäten Sie Ihr Privatleben vor Ort einrichten würden, und erstellen Sie Ihren eigenen Ausgabenblock. Vielleicht sieht die Nettorechnung danach weiterhin attraktiv für Sie aus.

- Als mein jüngster Sohn vor 24 Jahren zur Welt kam, engagierten wir für acht Wochen eine Säuglingsschwester, die bei uns im Haus einquartiert wurde. Sie war Französin, etwa 60 Jahre alt und arbeitete selbstständig. Sie hat ihren Beruf an dem berühmten American Hospital in Neuilly/Paris gelernt. Als Säuglingsschwester kam sie in Kontakt mit vielen Prominenten, die aus der ganzen Welt das American Hospital aufsuchten. Nach wenigen Jahren machte sie sich selbstständig. Per Mundpropaganda wird sie seit Jahrzehnten empfohlen. Sie konnte sich den Kauf einer schönen Wohnung in Paris leisten, ist weltweit im Einsatz bei vermögenden Familien, teilweise sogar in zweiter Generation. Häufig wird sie von den Eltern oder Schwiegereltern der jungen Mütter bezahlt. Ich kann Ihnen versichern: Über ihr Salär wird nicht lange verhandelt.

- In vielen altreichen Familien wird großer Wert auf Diskretion und Umgangsformen gelegt. Haben Sie sich als exklusive, private Altenpflegerin für einen alten Herrn oder eine Witwe innerhalb des Clans erst einmal verdient gemacht, brauchen Sie sich um Ihre Zukunft keine Sorgen zu machen.

  Meist besteht schon eine interne Warteliste mit Ihrem nächsten Alterspatienten des Familienclans. Die Bezahlung ist außerordentlich gut, eine eigene Wohnung sowie ein Automobil werden in der Regel gestellt. Und es gibt einen zusätzlichen Anreiz: Es kommt durchaus vor, dass Sie im Todesfall vom Verstorbenen oder den Erben großzügig mit einem Bonus bedacht werden.

Ich sage nicht, dass solche Wege jedermanns Sache sind. Ich spreche hier auch keine Empfehlung aus. Mir geht es darum, kreative Karrierewege für Ihren Erfolgsfahrplan aufzuzeigen, die Ihnen bessere finanzielle Perspektiven offerieren.

Karriere in der Industrie

Um richtig viel Geld in der Wirtschaft zu verdienen, brauchen Sie sich nicht unbedingt selbstständig zu machen. In einer klug angelegten Berufslaufbahn als angestellter Manager wird es Ihnen auch möglich sein, ein Vermögen anzuhäufen.

Es besteht aber ein gravierender Unterschied. Als Gewerbetreibender oder Unternehmer können Sie auch mit einem mittelmäßigen Erfolg finanziell enorm reüssieren. In einer abhängigen Beschäftigung müssen Sie im Normalfall in der Hierarchieebene einer Firma nach ganz oben durchstoßen, wenn es sich finanziell wirklich lohnen soll. Der Unterschied in der Entlohnung auf der ersten Managementetage ist im Vergleich zur zweiten oder dritten Führungsebene riesig. Es gibt Vorstandsvorsitzende, die nach langjähriger Tätigkeit in großen Konzernen als zigfache Millionäre in Pension gehen. Als Abteilungsleiter wird Ihnen das nicht möglich sein.

Sie brauchen also für Ihr Geschäftsmodell »Als Manager ganz nach oben« das richtige Fahrwasser. Sie müssen in einem Unternehmen landen, bei dem

- für Sie und Ihr Können einfach alles stimmt,
- Sie sich gut aufgehoben fühlen,
- der Weg an die Spitze für Sie möglich sein wird.

Vieles auf Ihrem Berufsweg wird vom Zufall und von Ihrem Schicksal abhängen. Dennoch möchte ich Sie für ein paar Themen sensibilisieren, auf die Sie achten sollten:

Unternehmenskultur

Jede Firma, ob groß oder klein, wird von einem bestimmten Typ Mitarbeiter dominiert. Schauen Sie sich genau an, was da für Menschen zur Arbeit gehen, bevor Sie anheuern. Ihre Persönlichkeit und der Stil der Firma – das muss passen wie ein Handschuh.

Aufstiegschancen

Haben Sie eine Chance, systematisch die Karriereleiter zu besteigen? Gibt es Förderprogramme für Leistungsträger?

Rolle der Zentrale

Wird das Unternehmen wirklich multinational oder zentralistisch exportorientiert geführt? Machen nur die Mitarbeiter aus der Zentrale die große Karriere? Was ist mit Ihrer Nationalität – haben Sie mit Ihrem Pass eine Chance, in den Vorstand zu kommen? Welches ist die tatsächliche Firmensprache im engsten Führungskreis? Gibt es Barrieren, über die Sie niemals kommen werden, wenn Sie »nicht dazugehören«?

Bekanntheitsgrad

Erlaubt man Ihnen, auch außerhalb des Unternehmens Profil zu gewinnen, beispielsweise auf Branchentagungen oder in den Medien? Mit einem höheren Bekanntheitsgrad in der Öffentlichkeit und in Ihrer Branche können Sie sich eine Rückfallposition aufbauen, falls Ihre Laufbahn bei Ihrem Arbeitgeber ins Stocken kommt.

Bei Unternehmen in privater Hand eines Eigentümers oder einer Gründerfamilie sind bei Ihrer Angestelltenkarriere ein paar Sonderaspekte zu berücksichtigen:

Nepotismus

Ist die Bahn in die oberste Führungsebene wirklich frei für Sie als angestelltem Mitarbeiter? Oder wird Ihnen irgendwann ohnehin ein Schwiegersohn – trotz minderer Qualifikation und Leistungsfähigkeit – vor die Nase gesetzt? Apropos: Wenn Sie in Ihrem Job wirklich tüchtig sind, läuft dieses Szenario mit hoher Wahrscheinlichkeit auf Ihre Entlassung hinaus. Täuschen Sie sich nicht. Schwache Günstlinge können einen starken Angestellten nicht gut ertragen. Spätestens wenn der Senior nichts mehr in der Firma zu sagen hat, wird der Schwiegersohn Ihnen das Messer an die Kehle setzen.

Bezahlung

Entspricht Ihre Entlohnung den am Markt üblichen Konditionen oder wird von der Eigentümerfamilie in knickriger Art und Weise versucht, Sie billig bei der Stange zu halten? Eine goldene Uhr und eine nette Ansprache des Patrons zum Firmenjubiläum sind kein Ausgleich für eine nicht korrekte Bezahlung. Ein angenehmer Umgang miteinander oder Einladungen zu privaten Familienfesten Ihres Arbeitgebers helfen Ihnen nicht weiter. Zumindest nicht, wenn Sie als Angestellter reich werden wollen.

Sklavenzuschlag

Entpuppt sich Ihr fürstliches Salär als »Lohnsklavenzuschlag«? Bei der Art und Weise, wie mit Ihnen umgesprungen wird, ist eine kurze Verweildauer in dem Unternehmen quasi programmiert. Der vorzeitige Abbruch Ihrer Tätigkeit oder eine Entlassung können Ihren Lebenslauf ruinieren. Nach meiner Beobachtung gilt: Vorsicht vor besonders vornehmen Familienbetrieben. Je eleganter es nach außen hin zugeht, desto schäbiger ist häufig der Umgang mit den Mitarbeitern.

Adoption

Das ist das ultimative Geschäftsmodell bei einer Beschäftigung in privaten Unternehmen: Besonders verdiente Manager werden von den Eigentümern der Unternehmen im erwachsenen Alter adoptiert. Falls sich die Chance ergibt, lohnt es sich, als Angestellter darauf hinzuarbeiten. Sie sichern sich auf Lebenszeit Ihre Topposition in der Leitung der Firma und gleichzeitig fällt Ihnen eines Tages ein großes Erbe zu.

Sie glauben vielleicht, dass es so etwas in der heutigen Zeit gar nicht gibt? Sie irren sich! Ich möchte bewusst keine Namen nennen, lediglich darauf hinweisen, dass derzeit folgende Toppositionen von adoptierten Managern eingenommen werden:

- Generaldirektor einer alteingesessenen Bierbrauerei im Rheinland
- Vorsitzender eines großen Medienkonzerns im Ruhrgebiet
- Generaldirektor eines weltweit bedeutenden Medienkonzerns in Norddeutschland (durch eine De-facto-Adoption per Schenkung)
- Vorsitzender eines weltweit tätigen Pharmakonzerns
- Generaldirektor einer bundesweit bekannten Kaffeerösterei

Die Zahl der Erwachsenenadoptionen in Deutschland, Österreich und in der Schweiz ist ein gut gehütetes Geheimnis. Es wäre vielleicht eine Studie im Rahmen einer universitären Masterarbeit wert. Für Sie gilt jedenfalls: Sprechen Sie Ihren Arbeitgeber an, falls dieser von seinen Kindern und Nachfahren arg enttäuscht sein sollte.

Geheimagenda – das Endziel im Visier

Das Geschäftsmodell ist der Dreh- und Angelpunkt jedes Erfolgsfahrplans; dies gilt umso mehr für Unternehmer und Selbstständige. Im Vergleich zu abhängig Beschäftigten haben diese einen höheren Freiheitsgrad in der Gestaltung ihres Berufes, denn der Spielraum für alternative Geschäftsszenarien ist viel größer als in einer Angestelltenkarriere.

Große Erfolge sind das Ergebnis einer gründlichen Planung und deren konsequenter Umsetzung. Bevor Sie sich aber in komplizierten Details verstricken, müssen Sie eine Frage beantworten: Wie lautet Ihr unternehmerisches Endziel? Der illustre amerikanische Unternehmer Abe Breuer formulierte es so: »What is your purpose? What is your end game?« Oder anders ausgedrückt: Worauf wollen Sie mit Ihrer Selbstständigkeit hinaus? Was wollen Sie wirklich erreichen?

Dabei spielt es keine Rolle, ob Sie Gründer eines Unternehmens sind oder einen Betrieb in Familientradition fortführen. Wenn Sie Großes erreichen wollen, kommen Sie mit schwammigen Formulierungen nicht weiter. Ihr Endziel muss ganz konkret und greifbar sein. Denn es macht einen Unterschied, ob Sie als Unternehmer beispielsweise

- mit 60 Jahren in Frühpension gehen wollen,
- die feste Absicht verfolgen, Ihre Firma nach 20 Jahren zu verkaufen,
- zutiefst dynastisch denken und möglichst viel an zukunftsweisenden Investitionen tätigen möchten, um Wertgrundlagen für Ihre Nachfahren zu schaffen,
- dem stressigen Angestelltendasein nur entkommen sind, um als Selbstständiger einen vermeintlich bequemeren Alltag zu genießen.

Wichtig ist, dass Sie bei der Herausarbeitung Ihres Endziels zum einen mit einer realistischen Einschätzung ans Werk gehen. Zum anderen sollten Sie sich von pessimistischem Gedankengut fernhalten. Planen Sie also generell »weit« und mit einer Vision.

Trauen Sie sich bei der Formulierung Ihres Endziels ruhig etwas zu. Keine Angst vor großen Zahlen: statt 100 besser 300. Wenn Sie schließlich »nur« 200 erreichen, ist Ihnen doch damit mehr als gedient. Befreien Sie sich von alten Hemmungen. Sprüche wie »Man kann auch mit weniger zufrieden sein« oder »So wie es jetzt ist, geht es uns doch auch gut« haben hier nichts zu suchen. Mit falscher Bescheidenheit werden Sie Ihr Potenzial nicht ausschöpfen können. Sie brauchen Ihre Pläne ja nicht hinauszuposaunen. Machen Sie Ihr Endziel zu Ihrer persönlichen Geheimagenda.

Wie lange braucht es zum Ziel?

Nachdem Sie ein klar definiertes Endziel formuliert haben, sollten Sie im zweiten Schritt auf den Faktor Zeit achten. Ein Endziel passend herauszuarbeiten, ist die eine Sache. In welchem Zeitraum Sie am Ziel ankommen wollen, ist die andere wichtige Komponente. Beide Faktoren Ziel und Zeit bestimmen die konkrete Ausgestaltung Ihres Geschäftsmodells.

Spielen wir es an einem konkreten Beispiel durch. Sagen wir, Ihr Ziel ist es, eine Firma zu gründen mit der konkreten Absicht, diese für 50 Millionen Euro in 15 Jahren zu verkaufen. Je nach Branche ist dies durchaus ein realistisches Vorhaben. Solch ein Ziel mit festem Zeitrahmen und einer Finanzziffer ist wahrscheinlich für viele von Ihnen ungewohnt. Der Zeitrahmen bestimmt alle nötigen Schritte, die notwendig sein werden, um Ihr Ziel zu erreichen. Daraus ergibt sich,

- wie viele Arbeitsstunden pro Woche von Ihnen zu erbringen sind,
- welche Arten von Risiken Sie eingehen müssen,
- ob Sie viel oder wenig Bankkredit benötigen,
- welches Umsatzvolumen Sie brauchen,
- welchen Marktanteil Sie erringen müssen,
- ob Filialen und Niederlassungen nötig sein werden,
- mit wie viel Gewinnmarge Sie operieren sollten.

Dies sind nur einige wenige Punkte zur Anschauung. Der gesamte Katalog der Anforderungen wird Ihnen klarmachen, ob Sie die zeitliche Vorgabe Ihres Ziels stemmen können.

Entsprechend wird Ihr Geschäftsmodell auszurichten beziehungsweise immer wieder anzupassen sein. Denn am Ende müssen Sie – wenn wir das obige Beispiel aufgreifen – etwas geschaffen haben, wofür ein Käufer in 15 Jahren bereit sein wird, Ihnen 50 Millionen Euro hinzublättern.

Zu Ihrer Planung gehört von vornherein die Überlegung, wer ein solcher Käufer sein könnte: ein Konkurrent, ein Private-Equity-Unternehmen, ein privater Investor, ein Management-Buy-out, eine Stiftung oder ein Konzern, der neu in die Branche einsteigen möchte? Warum? Ganz einfach: Unterschiedliche Kaufinteressenten haben völlig verschiedene Wertvorstellungen und Prioritäten bei der Kaufpreisfindung. Je nachdem, an wen Sie Ihr Unternehmen veräußern wollen, erfordert dies von langer Hand entsprechende unternehmerische Maßnahmen.

Der Vorteil der beiden Faktoren Ziel und Zeit im Rahmen Ihres Geschäftsmodells ist die Planbarkeit. Es lässt sich vorweg vieles geistig durchspielen. Falls Sie Zweifel haben, ich kann Ihnen Folgendes versichern: Ganz gleich, mit welchem Vorhaben Sie auch zu mir kommen, innerhalb weniger Tage ließen sich alle Parameter für Ihr Geschäftsmodell erstellen. Und zwar für ein Geschäftsmodell, mit dem Sie Ihr Endziel im vorgegebenen Zeitrahmen mit hoher Wahrscheinlichkeit realisieren könnten.

Bevor Sie Ihr unternehmerisches Endziel fest ins Auge fassen, denken Sie bitte über Ihr persönliches Zeitverständnis nach. Welcher der folgenden Ziel-Zeit-Einsätze sagt Ihnen am ehesten zu?

- 1.000.000 Euro jährlich zu verdienen mit einer Arbeitszeit von 80 Wochenstunden?
- Mit 20 Stunden Arbeit in der Woche lieber ein Jahressalär in Höhe von 200.000 Euro?
- 80.000 Euro jährlich zu verdienen mit lediglich 10 Arbeitsstunden pro Woche?

Ich kenne alle drei Fälle in meinem Bekanntenkreis. Falls Sie das Thema interessiert, empfehle ich die Lektüre des Buches von Tim Ferris mit dem provokanten Titel *Die 4-Stunden Woche. Mehr Zeit, mehr Geld, mehr Leben.*

Passion ja – aber wofür?

Es ist allgemein bekannt, dass man eine Sache mit Passion angehen sollte. Es ist aber ein Irrglaube, dass Passion allein den Erfolg bescheren wird. Deshalb müssen Sie sich fragen, wofür Sie eigentlich mit Elan und Enthusiasmus brennen sollten. Natürlich für Ihr Endziel! Im obigen Beispiel waren dies 50 Millionen Euro in 15 Jahren. Mit welcher Art von Business Sie Ihr Endziel erreichen, ist an sich unerheblich. Doch hier liegt der Hase im Pfeffer. Aus meiner Beobachtung »verlieben« sich nämlich viele Selbstständige und Unternehmer in ihre ehrgeizigen Projekte, in ihre Produkte, in ihre Tätigkeit oder in ihre Branche. Sie engagieren sich in bester Absicht mit Haut und Haar. Aber es kommt nicht auf den gewählten Weg oder die Methodik an, sondern auf das Endziel.

Dieser Aspekt ist sehr wichtig. Denn auf dem Weg zum Ziel können Projekte und Vorhaben scheitern. Machen Sie das Projekt und Ihre Tätigkeit deshalb nicht zu einer emotionalen Herzenssache, das Geschäftsmodell darf Ihnen nur als Mittel zum Zweck dienen. Wenn Sie sich zu sehr in Ihre Projekte verstricken, laufen Sie Gefahr, depressiv zu werden. Am Schluss werden Sie sich als Verlierer fühlen. Sie empfinden sich als gescheitert und geben auf. Ich habe leider erlebt, dass tüchtige Geschäftsleute den Mut verloren haben, nur weil die ersten Schritte in ihrem Geschäftsmodell nicht geklappt haben. Deshalb sind Sie gut beraten, Ihre Passion zu 100 Prozent stets nur Ihrem Endziel zu widmen. Das wird Ihnen helfen, sich einen distanzierteren Blick auf das Tagesgeschehen zu bewahren. Sie lassen sich dann nicht so leicht von jedem Schlamassel runterziehen.

Falls es mal klemmt: Um Ihr Endziel in der angedachten Zeit zu erreichen, gibt es immer Auswege, Alternativen und andere

Branchen. Selbst fundamentale Probleme bedeuten nicht zwangsläufig das Aus. Seien Sie flexibel! Solche Niederlagen sind wie ein Lackmustest. Sie werden merken, wie ernst es Ihnen mit Ihrem Endziel ist.

Sie können sich dabei an diesen beeindruckenden Vorbildern orientieren:

Versandhauskönig

Werner Otto (1909–2011), Gründer von Otto Versand in Hamburg, startete als Schuhhändler, scheiterte bei dem Versuch, mit eigenen Kaufhäusern in Konkurrenz zu den alten Kaufhauskonzernen zu treten, und wurde schließlich mit seinem Versandhandel Milliardär. Nachdem er die Geschäftsführung an seinen Sohn übergeben hatte, baute er Europas größte Shoppingcenter-Gruppe auf. Werner Otto wurde 102 Jahre alt.

Vom Likör zum Fruchtsaft

Die Firma Eckes-Granini aus Nieder-Olm war nach dem Zweiten Weltkrieg einer der marktführenden Spirituosenhersteller in Deutschland. Das Unternehmen besaß eine breite Palette berühmter Getränkemarken in den Segmenten Likör, Schnaps und Weinbrand.

Weitsichtig erkannte die Geschäftsleitung, dass die Wachstumsaussichten des Markenportfolios an hochprozentigen Alkoholika zunehmend begrenzt sein würden. So konnte es nicht weitergehen. Die Neufokussierung der Firma setzte auf den Sektor Fruchtsaft. Man baute die Marke Hohes C aus, akquirierte 1994 das Granini-Saftgeschäft, expandierte mit weiteren Akquisitionen im Ausland und ist heute Marktführer bei Fruchtsäften in Europa.

Nackenschlag Verstaatlichung

Das in London börsennotierte Unternehmen Halma Plc ist ein weltmarktführender Technologiekonzern im Bereich Arbeitsschutz (Life Saving Technology). Die Unternehmensgruppe umfasst heute 45 Firmen in 20 Ländern mit 7000 Mitarbeitern.

Ursprünglich war die Firma auf einem ganz anderen Sektor tätig. 1894 in Ceylon (heute: Sri Lanka) gegründet, startete sie mit dem Anbau von Teeplantagen. Später verlegte sie sich auf die Herstellung von Kautschuk. Im Rahmen der Verstaatlichung der Kautschukproduktion in Sri Lanka gingen sämtliche Plantagen in staatliche Verwaltung über. Im Jahr 1956 firmierte Halma zu einer Investmentholding um und erschloss sich die Geschäftsfelder des modernen Arbeitsschutzes. Die Hauptverwaltung in Sri Lanka wurde geschlossen und ist seitdem in London ansässig.

Ein Schuldenberg

Der bereits erwähnte Unternehmer Abe Breuer (42 Jahre) war im Immobiliengeschäft tätig. Infolge der Finanzkrise 2008/2009 brach sein Geschäft in Amerika zusammen. Er hatte 45 Millionen Dollar Schulden. Jahrelang musste er sein Immobiliengeschäft abwickeln und die Schulden abstottern. In dieser schweren Lebensphase startete er parallel ein neues Business: die Vermietung von Toilettenanlagen. Mit seiner Marke »John To Go« expandiert er seitdem amerikaweit. Die Schulden sind abbezahlt. Sein ursprüngliches Endziel, mit 50 Jahren über ein Kapital in Höhe von 100 Millionen Dollar zu verfügen, hat er nie aufgegeben. Er ist auf einem guten Weg. Sein Vermögen wird derzeit auf 80 Millionen Dollar geschätzt.

So viel zum Unterschied zwischen Methode und Projekt einerseits und dem anvisierten Endziel andererseits.

Scheitern Sie nicht von vornherein

Viele noch so sorgsam vorbereitete Geschäftsmodelle sind von vornherein zum Scheitern verurteilt. In euphorischer Stimmung legen viele Gründer und Selbstständige mit grandiosem Tempo los. Da bleibt keine Zeit mehr für eine nüchterne Analyse. Oft schwant den Begeisterten, dass etwas im Geschäftsmodell nicht stimmt. Doch der Mut zum Innehalten oder gar zur Umkehr fehlt. Zu schön sind doch der Plan und das Endziel. Man hat ja so viel Arbeit reingesteckt und viele Opfer gebracht! Die Angst, dass einem das »Spielzeug« kaputt gemacht werden könnte, spielt tiefenpsychologisch eine Rolle. Der zielstrebig ins Unternehmertum strebende Mensch will kurz vor dem Startschuss nichts Kritisches hören.

Was habe ich da schon alles an vermeidbaren Fehlentwicklungen mit angesehen! Sehenden Auges geht die Fahrt in die Sackgasse, oftmals mit jahrelangem Leid und irreversiblen finanziellen Belastungen als Folge. Deshalb sollten Sie die folgenden sechs Aspekte durchdenken, bevor Sie mit Ihrem Vorhaben loslegen:

Was für ein Geschäft haben Sie überhaupt?

Was für einen Charakter beziehungsweise was für einen Zuschnitt hat Ihr Business? Reicht das Potenzial, um wirklich in eine größere unternehmerische Dimension zu wachsen? Oder ist es lediglich ein kleingewerbliches Geschäft, wenn alles gut geht?

Diese Thematik habe ich oft bei Erfindungen, Patenten und Neueinführungen von Produkten angetroffen. Mit viel Getöse wird Kapital eingesammelt, Finanzpartner und Bankkredite werden aufgenommen. »Wir haben eine Weltneuheit patentiert. Der Bedarf ist riesig. Da kann überhaupt nichts schiefgehen«, heißt es dann. Die Begeisterung ist kaum zu bremsen.

Das zarte Pflänzlein wird gleich zu Anfang mit dem ganzen Finanzballast erdrückt, anstatt erst einmal im Kleinen zu starten, um zu sehen, wie sich das Bild in der Realität tatsächlich darstellt. Oft hätte sich aus dem Ganzen ein einträgliches Business für ein fleißiges Ehepaar entwickeln können. Daraus eine große Firma zu machen, dafür war die Luft einfach zu dünn.

Die Kreditfinanzierung

Falls Ihr Geschäftsmodell größere Kredite erfordert, müssen Sie im Umgang mit Banken geschult sein. Wenn das nicht der Fall sein sollte, brauchen Sie eine erfahrene Person, die Ihnen hilft. Vielleicht ein ehemaliger Bankdirektor oder pensionierter Filialleiter? Denn Banken haben ihre eigenen Spielregeln:

- Wer beim Banktermin falsch auftritt,
- wer sein Zahlenwerk nicht erwartungsgemäß präsentiert,
- wer nicht gelernt hat, »bankengerecht« zu argumentieren,
- wer mit seinen Kreditgebern zu wenig oder zu viel kommuniziert,
- wer nicht weiß, wann und wie man dem Banker Negatives vermittelt,

der landet früher oder später unter der Finanz-Guillotine. Wie schrieb schon der Schriftsteller Mark Twain (Amerika, 1835–1910) treffend über die Banken: »Eine Bank ist eine Einrichtung, von der Sie sich Geld leihen können – vorausgesetzt, Sie können nachweisen, dass Sie es nicht brauchen.« Oder noch treffender: »Ein Bankier ist ein Mensch, der seinen Schirm verleiht, wenn die Sonne scheint, und ihn sofort zurückhaben will, wenn es zu regnen beginnt.« Also, überprüfen Sie, wie Sie für das existenzielle Thema »Mein Unternehmen und die Kreditfinanzierung« gerüstet sind. Nichtdass Ihnen der Regenschirm zur Unzeit abhandenkommt.

Fragen Sie potenzielle Kunden

Auf einer Tagung in München traf ich im Jahr 2019 einen Industriellen. Seine Firmengruppe liefert seit drei Generationen weltweit Klebstoffe an Fertigungsunternehmen. Auf meine Frage, wie seine Firma strategisch das Thema Produktentwicklung angehe, erklärte er mir: »Das machen wir ganz einfach. Wir fragen unsere Industriekunden, welches Produkt sie zu welchem Preis bereit wären zu kaufen. Dann gehen wir nach Hause und schauen, ob wir das Produkt herstellen können. Wenn wir mit dem gewünschten Verkaufspreis unsere Gewinnmarge erzielen, befassen wir uns mit dem Thema weiter. Wenn nicht genug damit zu verdienen ist, dann lassen wir es. So machen wir das schon seit unserer Gründung.«

Danach wunderte ich mich nicht mehr, dass der Konzern trotz globaler Expansion und Milliardenumsätzen zu 100 Prozent auch heute noch unabhängig und in Familienbesitz ist.

Vertreiben Sie keine Produkte, gehen Sie nicht in Produktion und stellen Sie auch keine Servicemitarbeiter ein, bevor Sie nicht vorher bei Ihren potenziellen Kunden am Verhandlungstisch gesessen haben. Ohne Absicherung auf der Kundenseite ins Ungewisse hinein zu wirtschaften, kann Sie teuer zu stehen kommen.

Akquirieren Sie auf der richtigen Ebene

Überprüfen Sie Ihre Akquisitionsstrategie für neue Geschäfte. Haben Sie die richtigen Ansprechpartner im Visier? Viele Verkaufsbemühungen scheitern kläglich, weil sie auf einer zu tiefen Hierarchieebene auf der Käuferseite ansetzen. Das passiert meist aus Unsicherheit und Angst, sich an höhere Managementebenen zu wenden. Dabei gehen beim Big Boss oder Inhaber der Firma bestimmt weniger Konkurrenten ein und aus. Und wahrscheinlich ist die Gesprächsatmosphäre angenehmer.

Dieser Punkt kann in fremden Kulturen noch viel stärker zum Tragen kommen.

> Als ich in den 1990er-Jahren in Indonesien geschäftlich unterwegs war, verhandelte ich immer wieder mit einem Süßwarenhersteller. Ich war stolz darauf, einen direkten Draht zur Eigentümerfamilie zu haben. Mein Gesprächspartner, ein jüngerer Bruder des Gruppenchefs, war Exportleiter und damit genau der richtige Mann für mich. Die Gespräche verliefen stets freundlich, führten aber geschäftlich zu rein gar nichts.
>
> Ich klagte schließlich einem alten Asienexperten mein Leid. Ich erklärte ihm den Sachverhalt. Da musste er lachen: »Ja, wissen Sie denn nicht, dass in Indonesien nur der Sippenälteste etwas zu sagen hat? Die jüngeren Brüder mögen zwar Positionen besetzen, aber de facto haben die nichts zu entscheiden.« Später gab mir ein anderer Asienkaufmann den generellen Rat: »Wenn Sie ein Neugeschäft in Asien beginnen wollen, dann verlangen Sie immer eines: *Take me to your leader* – bringen Sie mich zu Ihrem Anführer.«

Sind Sie wirklich selbstständig?

Überprüfen Sie, ob Ihr Schritt in die Selbstständigkeit Ihnen wirklich ein freies Arbeiten und Wirken ermöglicht. Selbstständigkeit ist eben nicht gleich Selbstständigkeit, es kommt auf die Verhältnisse hinter den Kulissen an. Miterlebt habe ich beispielsweise Folgendes:

- In der großen australischen Rezession 1990/1991 hielten japanische Bankangestellte scharenweise bei großen australischen Firmen Einzug. Um ihre Großkredite besser abzusichern, bestanden die kreditgebenden japanischen Banken darauf, ihre Kontrolleure in die Firmen zu schicken. Diese saßen dann in den Büros den Managern täglich im Nacken.
- Wie das Abhängigkeitsverhältnis von einem Großkunden den armen Lieferanten beständig in seiner Existenz bedrohte. Oft schaffen es die betroffenen Unternehmer nicht, sich aus einem solchen Würgegriff zu befreien. Als angestellte Manager einer Firma hätten sie eine bessere Existenz gehabt.

Überlegen Sie, ob Sie Ihr Geschäftsmodell richtig herum aufgezäumt haben. Typischerweise beginnen Sie mit einem Produkt oder einer Dienstleistung und machen sich dann daran, den Absatz auszuweiten. Es geht aber auch andersherum.

Der amerikanische Industrielle Henry Kaiser (1882–1967), Vater des modernen Schiffsbaus und Gründer der Kaiser Steel- und Aluminiumwerke, ist ein gutes Beispiel. Kaiser war ein wahrer Meister darin, sich Staatsaufträge in Branchen zu sichern, in denen er zuvor noch nie tätig gewesen war. Er hatte also erst die Aufträge in der Tasche und gründete dann das entsprechende Unternehmen. Kaiser starb als vielfacher Multimilliardär. Ähnliches ist auch heute noch auf verschiedenen Ebenen möglich, vor allem im Dienstleistungssektor: Reinigungsaufträge für Behörden, Wartungsüberprüfungsaufträge für Straßenlampen, Entsorgung von Spezialabfällen und Ähnliches. Mit Kompetenz, Verlässlichkeit und Verhandlungsgeschick können Sie Ihr unternehmerisches Risiko vorab erheblich reduzieren.

Die Kalkulation stimmt von Anfang an nicht

Manche Geschäftsmodelle sind von Anfang an schon rein rechnerisch zum Scheitern verurteilt. Ein Blatt Papier, ein Taschenrechner und ein wenig Mathematik können Ihnen Millionenverluste ersparen. Ich selbst habe mich in solch einer Situation befunden.

Im Jahr 1988 verbrachte ich Zeit in der Marketingabteilung eines Chemieartikelkonzerns. Die Firma produzierte unter anderem ein bekanntes Duschgel. Nachdem ich den europäischen Markt näher studiert hatte, kam ich aufgrund der guten Positionierung in Deutschland auf den Gedanken, auch in Österreich ein Duschgel einzuführen. Der Markt wurde damals zwar von drei Anbietern beherrscht, doch da sollte noch Platz für einen vierten sein. Die Idee hörte sich nach meinem Dafürhalten vernünftig an.

Etwas verspätet stieß der Chef der Firma zu der Marketingsitzung dazu. Er hatte seine Karriere bei dem Markenartikelkonzern Procter & Gamble begonnen und war ein ausgewiesener Marketingexperte. Er ließ sich meinen Vorschlag kurz erklären. Dann legte er vor versammelter Mannschaft los: »Also, Österreich hat etwa 9 Millionen Einwohner. Nach meiner Schätzung beträgt der nationale Gesamtabsatz etwa 30 Millionen Duschgelpackungen im Jahr. Bei einem Durchschnittsverkaufspreis von 3,50 Euro pro Duschgel hat der Gesamtmarkt also ein Volumen von circa 100 Millionen Euro. Gegen die drei dominanten Marktführer anzugehen, wird nicht einfach werden. Als realistisches Ziel sehe ich einen Marktanteil von 5 Prozent. Das ergäbe für uns einen Umsatz von etwa 5 Millionen Euro. Um diesen zu erreichen, brauchen wir andauernde Fernsehwerbung und Einzelhandelsaktionen. Das wird nicht unter 5 Millionen Euro Kosten zu haben sein. Mein Fazit: Da ist für uns nichts zu holen. Der Markt ist zu klein, der Aufwand zu hoch. Wir lassen die Finger davon.«

Ich hatte meine Lektion gelernt.

Sie glauben vielleicht, dass ich mich mit meinem Vorschlag besonders dumm angestellt habe. Da haben Sie recht, keine Frage. Ich kann Ihnen aber versichern, so ein Marketingvorstoß ist kein Einzelfall. In der Industrie dominieren die Alltagsmaschinerie, egoistische Abteilungsinteressen, Termindruck und firmenpolitische Ränkespiele. Wie eine Dampfwalze werden Projekte in Gang gesetzt und sind dann kaum mehr aufzuhalten. Die Wucht dieser Maschinerie in den Organisationsabläufen ist nicht zu unterschätzen. Nur selten werden wichtige Vorhaben in Ruhe und korrekt durchkalkuliert. Kaum zu glauben, aber so sieht die Realität aus.

Unbedingt abzuklopfen

Zum Abschluss noch sechs weitere Punkte, die Sie grundsätzlich in Erwägung ziehen sollten, wenn Sie an einem ausgereiften Geschäftsmodell feilen:

Die Frage der Eigentümerstruktur

Mit oder ohne Geschäftspartner? Meine Meinung ist ganz klar. Wenn möglich, behalten Sie 100 Prozent der Firmenanteile in Ihrer Hand. Menschen verändern sich im Laufe der Jahre. Im Erfolgsfall kann schnell ein Disput darüber entstehen, wer mehr zum Erfolg des Unternehmens beiträgt. Bei schlechtem Geschäftsverlauf kommt es nicht selten zu Schuldzuweisungen. Exemplarisch zwei Beispiele dazu:

> Mein Freund aus einer flämischen Industriellenfamilie ermöglichte im Jahr 2000 einen Management-Buy-out. Sein Geschäftsfreund leitete die Tochtergesellschaft eines ausländischen Konzerns, welcher das deutsche Geschäft aus strategischen Gründen abstoßen wollte. Mit dem Kapital meines Freundes konnten die beiden die Firma übernehmen. Der Manager übernahm die Arbeit, mein Freund stellte das Kapital und wurde stiller Teilhaber. Die Anteile wurden 50:50 verteilt.
>
> Schon nach kurzer Zeit florierte das Unternehmen. Es entwickelte sich zu einem Bombengeschäft, doch die beiden Geschäftspartner zerstritten sich gehörig. Der Ge-

schäftsleiter klagte mir sein Leid: »Nur weil ich damals kein Geld hatte, hat dein Freund heute 50 Prozent an dieser Perle von Firma. Er tut keinen Schlag, redet mir ständig rein und den ganzen Erfolg verdankt er nur mir.« Auf der anderen Seite hieß es: »So ein Glückspilz! Ohne mein Geld wäre der heute noch ein kleiner Angestellter, jetzt wird er nur dank meines Kapitaleinsatzes richtig reich und zum Dank hört er nicht einmal auf meine Ratschläge.«

Letztes Jahr haben die beiden die Firma verkauft. Sie konnten es unter einem Dach einfach nicht länger aushalten. Seit dem Verkauf, an dem jede Partei Millionen verdient hat, sprechen die beiden Familien nicht mehr miteinander.

Während meiner Zeit in Australien (1989–1991) hatte ich Kontakt zu einem Schweizer Financier, der zahlreiche Geschäftsinteressen in Australien hatte. Ein lukratives Geschäft mit einem 50-Prozent-Partner musste gerade aufgegeben werden.

Der Financier hatte bemerkt, dass es in Australien gute geschäftliche Perspektiven für Fleisch- und Wurstwaren gab. Per Zeitungsanzeige fand er einen Fleischermeister in der Schweiz und ermöglichte ihm die Übersiedlung nach Australien. Die beiden gründeten gemeinsam einen fleischverarbeitenden Betrieb, wurden 50:50-Geschäftspartner. Der Meister führte die Produktion, der Financier kümmerte sich, sozusagen als Außenminister, auf hoher Ebene um die Großkunden, vor allem die Supermarktketten. Das Business florierte.

Doch auch in diesem Fall gerieten die beiden Partner aneinander. Der Fleischermeister konnte es nicht ertragen, dass er sich mit blutverschmierter Schürze, verschwitzt in der Fabrikation schuftend, hochtrabende Vorträge des im eleganten Anzug auftretenden Financiers anhören musste. Er hielt seinen Partner für einen arroganten Lackaffen, der von Fleisch und Wurst nicht den blassesten Schimmer hatte. Der Financier kam im Gegenzug mit der ungehobelten Art des Metzgers nicht zurecht. Er hielt diesen für einen kleinkarierten Grobian. Sie gaben schließlich die Firma auf.

Einen wichtigen Punkt sollten Sie sich bitte notieren. Für den Fall, dass Sie mit einem Kompagnon arbeiten wollen: Schließen Sie eine Lebensversicherung auf Gegenseitigkeit ab. Damit können Sie im Todesfall die Erben Ihres verstorbenen Partners auszahlen. Denn wenn Sie sich eines nicht wünschen sollten, dann ist es, mit den Erben Ihres früheren Partners – die unter Umständen vom Geschäft nichts verstehen – über die Geschicke Ihrer Firma gemeinsam entscheiden zu müssen. So ein amateurhafter Familienmorast kann Ihr Geschäft zum Einsturz bringen. Regeln Sie also den Todesfall in Ihrer Gesellschaftervereinbarung mit einer Lebensversicherung auf Gegenseitigkeit. Die jährliche Prämienzahlung wird Ihr Geld wert sein.

Ob Sie als Alleingesellschafter oder mit Teilhabern arbeiten sollten, ist besonders für Unternehmensgründer eine wichtige Fragestellung. Nach meiner Beobachtung haben viele Gründer Angst, allein ihre Vorhaben anzugehen. Nach dem Motto »Piep, piep, piep, wir haben uns alle lieb« fühlen sie sich im Team sicherer. Und so werden unbedacht und unnötigerweise Gesellschaftsanteile vergeben, primär für das Wohlgefühl. Wenn das Geschäft sich dann gut entwickelt, ist das Gejammer groß. Ich kenne Fälle, da hält der Gründer und eigentliche Kopf der Firma gerade einmal 15 Prozent des Kapitals und arbeitet ein Leben lang zu 85 Prozent für seine Kompagnons.

Meist wird die Kapitalaufbringung als Grund für die Aufnahme von Mitgesellschaftern genannt. In diesem Punkt rate ich allen Unternehmensgründern, die Finanzierung ihrer Vorhaben kreativ anzugehen. Statt Geld durch Fremdgesellschafter aufzunehmen – und damit den Eigenkapitalanteil zu verwässern – würde ich versuchen,

- innerhalb der Verwandtschaft Geld zu leihen,
- mit Lieferanten lange Zahlungsziele auszuhandeln,
- mit dem Vermieter Sonderkonditionen zu vereinbaren, zum Beispiel in Form einer ersten mietfreien Zeit oder einer später ansteigenden Staffelmiete (die von einer niedrigen Einstiegsmiete ausgeht),
- die neuen Kunden um Vorauszahlungen zu bitten,
- lieber langsamer zu expandieren.

Generell würde ich nahezu alles dafür tun, um möglichst viele Anteile an einer Gründung zu behalten. Kämpfen Sie um jedes Prozent am Kapital!

Sollte es innerhalb Ihrer Verwandtschaft Sinn machen, Familienmitglieder als Geschäftspartner mit aufzunehmen, schlage ich ein großherziges Anteilsmodell vor. Legen Sie die Betonung auf »Familie«. Versuchen Sie nicht, die Unterschiede in der Leistung der einzelnen Familienmitglieder herauszukehren. Sehen Sie es unter dem Aspekt: »Wir sind eine Familie, wir ziehen alle an einem Strang.« Wenn Sie die innere Größe besitzen, dann teilen Sie die Geschäftsanteile und den Gewinn untereinander immer paritätisch auf. Also, drei Geschwister im Business, das heißt, für jeden ein Drittel. Ganz gleich, ob Sie als Generaldirektor viermal qualifizierter sind als Ihr in der Verwaltung arbeitender älterer Bruder. Zum praktischen Vorgehen: So etwas handeln Sie für Ihr Geschäftsmodell einmal mit der Familie aus und dann kommt das Thema nie mehr auf den Tisch. Sie haben den Rücken frei und berechtigte Aussichten auf ein friedliches Miteinander.

Ein zu komplexes Geschäftsmodell

Viele Geschäfte sind nicht ertragsorientiert ausgerichtet. Stattdessen dominieren viel Aktivität, Wind und Wirbel, man möchte die Kunden mit allem und jedem bedienen. Denken Sie an die 20:80-Regel: Meist machen 20 Prozent der Produkte oder Dienstleistungen 80 Prozent Ihres Ertrages aus. Lenken Sie Ihren unternehmerischen Sachverstand fokussiert auf die profitabelsten Geschäftssegmente. Auch hier zur Veranschaulichung ein Beispiel, diesmal aus der Luftfahrtindustrie:

> Das Airline Business ist ein schwieriges Geschäft. Neulich berichtete mir ein Bekannter in Schweden, warum eine bestimmte Luftfahrtgesellschaft in Skandinavien besser durch diverse Krisen gekommen war als andere.
>
> Fast alle Anbieter unterhalten komplexe Flugzeugflotten: Flugzeuge für kurze Strecken mit wenig Passagiersitzen, Flugzeuge für mittlere Strecken bis hin zu langstreckentauglichen Großflugzeugen. Dies erfordert in der Wartung ver-

schieden zertifizierte Wartungsingenieure und die Piloten brauchen unterschiedliche Fluglizenzen. In der Personalplanung ist dies ein Problem, da ein Flugkapitän nicht einfach von dem einen Flugzeugtyp auf den anderen so ohne Weiteres eingesetzt werden kann.

Die skandinavische Airline wählte ein anderes Geschäftsmodell: Sie entschied sich für einen bestimmten Flugzeugtyp für mittlere Strecken. Die gesamte Flotte besteht demnach aus 15 Flugzeugen desselben Typs. Die Gesellschaft entschied sich zudem, gewisse Destinationen nicht anzufliegen. Mit nur einem Flugzeugtyp war sie in der wirtschaftlichen Effizienz der Konkurrenz haushoch überlegen.

Noch ein Gedanke zur Frage der Komplexität: Analysieren Sie immer genau, mit welcher Marketingherausforderung Ihr Geschäftsangebot einhergeht. Diese Fragestellung hat fundamentale Bedeutung für die Planung Ihres Geschäftsmodells:

- Werden Sie in einem etablierten Markt mit einem neuen Produkt oder mit einer bereits bekannten Anwendung aktiv?
- Sind Sie dabei, ein neues Geschäftsfeld zu kreieren? Und dann stellt sich wiederum die Frage: Mit einem bislang noch nicht bekannten Produkt oder mit einem schon etablierten Artikel?

Der Kunde als Zugmaschine

Der Turbo für Ihr Business sind Ihre Kunden. Sie sind also gut beraten, an die Themen Kundenstruktur und Zielgruppe strategisch heranzugehen.

Entscheidend sind folgende Punkte:

- Bauen Sie auf einen Kundenkreis, der finanziell solvent ist und pünktlich zahlt.
- Sie brauchen Kunden, auf deren Loyalität und Charakter Sie sich verlassen können.
- Der eigentliche Pfiff sind Kunden, die mit ihrem eigenen Geschäft expandieren. Das sind die idealen Kunden! Auf diese muss sich Ihr Geschäftsmodell konzentrieren. Setzen Sie hier Ihren

Fokus und denken Sie langfristig. Bei diesen Kunden sich als verlässlicher Lieferant oder Dienstleister zu bewähren, ist die beste Zugmaschine für Ihr Business. Im Schlepptau eines wachsenden Erfolgsunternehmens zu fahren, macht den Unterschied aus. Hier gibt es zahlreiche Beispiele: Unternehmer, die sich frühzeitig um Kunden wie Ikea, McDonald's, H&M oder Aldi bemüht haben und bis heute zu deren Kernlieferanten gehören, sind reicher geworden, als sie es sich je zu träumen gewagt hätten.

Bitte nur mit Branchenkenntnissen

Wenn es irgend geht, sollten Sie vor Ihrer Selbstständigkeit in der entsprechenden Branche bereits Berufserfahrung gesammelt haben. Hier gilt der amerikanische Spruch: »I better learn while I earn.« Vereinfacht ausgedrückt: Machen Sie Ihre Fehler, solange Sie als Angestellter arbeiten. Das kommt Sie deutlich billiger, als auf eigene Rechnung Erfahrungen zu sammeln und dabei unter Umständen Lehrgeld zu bezahlen.

Branchenerfahrung ist besonders wichtig, falls Sie daran denken, eine Firma als Nachfolger zu übernehmen. Gerade im Mittelstand mangelt es generationsbedingt vielen Unternehmern an Nachfolgern. Es ist verlockend, sich mit etwas eigenem Kapital – vielleicht aus einer Erbschaft, einer Scheidung oder aus einer großzügigen Abfindung – als Nachfolger in eine selbstständige Existenz einzukaufen. Mein dringender Rat: Niemals als Branchenfremder! Das Risiko des Scheiterns ist viel zu hoch.

Keinen schweren Ballast bitte

Hohe Einkommen und große Erfolge basieren letzten Endes auf viel Fleiß. Wie schwer Ihnen das Alltagsgeschäft fällt und mit wie viel Risiko Ihr Vorhaben verbunden ist, ist allerdings eine ganz andere Frage. Manche Geschäftsmodelle gehen leichter von der Hand, bei anderen ist der Erfolg wirklich mit einem mörderischen Arbeitseinsatz erkauft.

Ein Geschäftsfreund beschäftigt in seinem Logistikunternehmen über 1.000 Mitarbeiter. Er leidet unter der Last der Verantwortung, für den Lebensunterhalt so vieler Menschen und deren Familien verantwortlich zu sein. Wenn die Sprache auf seinen Cousin kommt, läuft er grün im Gesicht an. Sein Vetter ist selbstständiger Vermögensverwalter mit einem Mitarbeiterstab von fünf Personen. Er betreut einen exklusiven Kreis hochvermögender Kunden. Am Jahresende verdient er mit seinem kleinen Team mehr als sein Großlogistik-Cousin.

Überlegen Sie gut, ob Sie in einer schwierigen Branche überhaupt tätig werden wollen.

Milchverarbeitende Betriebe sind in der Regel zu festen täglichen Abnahmemengen verpflichtet. Unabhängig davon, wie sich der Absatz der Produkte entwickelt, können sie keinen Einfluss auf ihre Abnahmemengen nehmen. Obendrein sind ihre Produkte nicht lange haltbar. Ein Brancheninsider erzählte mir über einen Kollegen: »Nachdem er jetzt seine zweite Molkerei aufgemacht hat, muss der arme Mann täglich 100 Hektoliter Milch vernichten.« Er meinte damit, der Kollege muss sich auf Teufel komm raus etwas einfallen lassen, was er mit der angelieferten Milch anfängt.

Ein Geschäftsmodell, das vom Lieferantendruck dominiert wird, ist nicht jedermann anzuraten. Gleiches gilt für Importeure, die Naturwaren beziehen, zum Beispiel im internationalen Bananenhandel. Unkalkulierbare Jahreslieferungsmengen, Ernteausfälle, geringe Haltbarkeit und eine diffizile Logistik machen auch dieses Geschäftsfeld zu einer echten Herausforderung.

Schon die alten Bankiers im 19. Jahrhundert waren sich dieser Problematik bewusst. Dazu ist eine schöne Anekdote überliefert, die in Ostpreußen spielt: Der Schwiegersohn eines reichen Landadligen investierte in großem Stil in den Anbau von Weizen. Im dritten Jahr gab es kurz vor der Ernte einen gewaltigen Orkan – die gesamte Ernte war vernichtet. Der Schwiegervater suchte seinen jüdischen Bankier auf, um über die Ausweitung des Kreditrahmens zu sprechen. Da sagte der Bankier traurig dreinblickend: »Ja, wie kann der Herr Schwiegersohn auch nur ein Geschäft unter freiem Himmel aufmachen!«

Unstete Charaktere und Abenteurer

Langweilige und repetitive Geschäftsmodelle sind oft das beste Business, denn sie kennen weder Boom noch Krisen. Wie ein Uhrwerk werfen sie Jahr für Jahr verlässlich Gewinne ab. Typische unternehmerische Tätigkeiten sind

- Abonnement-basierte Geschäftsmodelle,
- Wartungs- und feste Serviceverträge,
- das Betreiben von Devisenwechselstuben an internationalen Flughäfen und in Tourismuszentren,
- die Belieferung von Kantinen mit Verbrauchsartikeln, beispielsweise 20-Liter-Eimern an Mayonnaise, Senf, Ketchup und anderen Zutaten oder Putzmitteln,
- die Versorgung von militärischen Einrichtungen der Streitkräfte mit Schreibwaren und Hygieneartikeln sowie
- die Belieferung von Schulen mit Taschenrechnern für den Mathematikunterricht.

Diese Liste ließe sich fortsetzen. Achten Sie jedoch darauf, dass Ihnen die Dollarzeichen nicht gleich in den Augen klimpern. Denn ein noch so sicheres und mit wenig Risiko behaftetes Geschäftsmodell bringt Ihnen nichts, wenn Sie daran keine dauerhafte und wirkliche Freude haben.

Es gibt einen gewissen Prozentsatz an Menschen, die mit einem unsteten Charakter zur Welt kommen. Manche Zeitgenossen haben Abenteurerblut in den Adern. Überprüfen Sie daher zu Anfang Ihrer Geschäftstätigkeit, ob Sie eventuell zu dieser Gruppe gehören. Es nützt nichts, wenn Sie sich da etwas vormachen. Ich garantiere Ihnen: Sie werden sich an den überdurchschnittlichen Jahresertrag in einem langweiligen Business schnell gewöhnen, und dann werden die Pferde mit Ihnen durchgehen. Wenn die Gewinnlage sich besonders gut entwickelt, werden Sie sich in waghalsige Zusatzprojekte stürzen. Im Falle eines andauernd schleppenden Geschäftsgangs wird Ihnen das Beharrungsvermögen fehlen, durchzuhalten.

Abenteuerlustige Menschen brauchen den Nervenkitzel im Geschäft, um auf Dauer den Elan für die Arbeit aufbringen zu können. Schauen Sie sich als Abenteurer um, welche Tätigkeiten Sie ansprechen. Mir kommen spontan in den Sinn: Import-/Exportgeschäfte mit Embargoländern, mit schwierigen Währungsverhältnissen und mit behördlichen Barrieren, Speditions- und Seefrachtgeschäfte in Putsch- und Kriegsgebieten oder in blockierten Häfen sowie Spezialarbeiten in extremen Gefahrensituationen. Berühmt ist zum Beispiel der selbstständige Feuerwehrmann Red Adair (Texas, 1915–2004), der als weltweit anerkannter Topexperte bei Ölbohrbränden im Einsatz war. Darüber hinaus Dienstleistungen rund um das Thema Dynamit, Minenentsorgung und anderer Gefahrengüter. Ansonsten fallen mir Berufe wie Tiefseetaucher, Fassadenkletterer, Hochleitungsstarkstromelektriker und ähnliche Spezialjobs ein.

Vielleicht genügt es aber schon, wenn Sie Ihr ursprünglich vorgesehenes Geschäftsmodell nicht in Ihrem Heimatort verwirklichen. Unter Umständen klingt Ihre Abenteurerseele an, wenn Sie Ihr Business in der Fremde etablieren. Das hat es zu allen Zeiten gegeben:

- Der deutsche Archäologe Heinrich Schliemann (1822–1890), der Pionier der Feldarchäologie und Entdecker Trojas, machte eine Kaufmannskarriere in Sankt Petersburg. Mit dem Handel von Farb- und Industrierohstoffen, vor allem mit Indigo, machte er ein Vermögen, mit dem er später seine Ausgrabungen auf eigene Rechnung finanzieren konnte.
- Heinrich Bockelmann (1870–1945), Großvater des österreichischen Schlagersängers und Komponisten Udo Jürgens (1934–2014), wanderte nach Russland aus. Es gelang ihm, als Bankier das Vertrauen des russischen Zaren zu gewinnen. Bis zur Russischen Revolution (1917) gehörte er zur zaristischen Oberschicht. Opa Bockelmann lebte in Moskau in unermesslichem Reichtum.
- Der Schweizer Jazzmusiker Teddy Stauffer (1909–1991) begründete den internationalen Ruf des Badeortes Acapulco in

Mexiko, gehörte dort zur Jetsetprominenz und machte eine Hotelkarriere.

Als abenteuerlustig veranlagter Unternehmer sollten Sie sich vielleicht mit Ländern beschäftigen, die schon in Ihrer Jugend auf Sie einen exotisch-magnetischen Reiz ausgeübt haben. Mein Rat: Fahren Sie aber bitte erst einmal auf Besuchstour dorthin. Manch idyllische Faszination ist im grellen Tageslicht auf dem Boden der nüchternen Tatsachen schnell verblasst. Dann ist Ihnen dieser »Abenteuerzahn« gezogen. Es hat Sie nicht viel gekostet und Sie sind vor größeren Schaden bewahrt worden.

Und im anderen Fall? Wenn Sie mit guten Nachrichten von Ihrer Exotikbesichtigungstour heimkehren? Nun, für echte Abenteurer heißt es dann: Nichts wie ran an Ihr Geschäftsmodell im Ausland. »No risk, no fun« – ohne Risko keine Freude, wird Ihr Lebensmotto lauten. Sie haben sich das ja so ausgesucht.

Es ist ganz einfach im Leben, und das gilt für jeden: Sie können alles tun, solange Sie bereit sind, die Konsequenzen in Kauf zu nehmen.

Lektion 6

Werteordnung

Schaffen Sie Ihre eigene Werteordnung

In den ersten fünf Lektionen haben wir wichtige Aspekte für Ihr Leben und Ihren Beruf besprochen. Rekapitulieren wir diese noch einmal. Sie haben die richtigen Grundlagen mit Ihrer Ausbildung gelegt, Ihre Bildung erweitert – Sie besitzen Schliff und Niveau –, Ihren Beruf so ausgesucht, dass er zu Ihrer Leistungsfähigkeit passt, den festen Willen, Ihre gesteckten Ziele zu erreichen, und ein Geschäftsmodell gefunden, mit dem Sie Ihr Potenzial an Können und Wissen optimal nutzen können.

So weit, so gut. Doch für ein erfülltes Leben fehlt noch eines: Ihre Werteordnung. Sie können auch einen anderen Begriff verwenden, zum Beispiel innere Haltung, Moral oder ethische Weltanschauung. Das sind alles große Worte. Mir geht es an dieser Stelle aber nicht um hochtrabende Ideale, sondern um die konkrete Umsetzung eines Wertekatalogs. Das ist eine Herausforderung, vor der sich viele Menschen drücken, denn bei der Wahl Ihres Wertekanons sind Sie ungebunden. Es steht Ihnen also frei, sich der Thematik zu entziehen.

Bei den vorangegangenen Lektionen haben Sie gelernt, mit verschiedenen Einschränkungen umzugehen und diese klug auszugleichen:

- Ihre Ausbildung und Bildung werden von Ihren familiären Verhältnissen mitbestimmt.
- Ihre Leistungsfähigkeit ist eine Frage Ihrer Grundkonstitution.

- Die Ausprägung Ihres Willens wird von Ihrem Charakter determiniert.
- Der Erfolg Ihres Geschäftsmodells hängt vom wirtschaftlichen Umfeld ab.

Bei Ihrem Wertekatalog haben Sie freie Bahn. Umso wichtiger ist es, dass Sie diese einmalige Chance zur freien Gestaltung nutzen. Denn mit Ihrem Wertekatalog setzen Sie den Rahmen, innerhalb dessen Sie bereit sein werden, Ihre Ziele zu verwirklichen. Aus meiner Sicht ist es ein großes Manko, ohne eine feste Werteordnung durchs Leben zu gehen. Wir brauchen Halt, festen Grund unter den Füßen, um nicht aus der Bahn geworfen zu werden.

Der altmodische Begriff »Seelenfrieden« trifft es ganz gut. Die standardisierte Lehrauffassung, dass es beim Erfolg allein auf Durchsetzungskraft ankommt, ist falsch. Wenn Sie Ihren Berufsweg an der sogenannten Ellenbogengesellschaft ausrichten, werden Sie sich irgendwann in einer Sackgasse wiederfinden. Das Gefühl eines zufriedenen Gesamterfolgs werden Sie so nicht erleben. Je mehr Lebenserfahrung Sie sammeln, umso sicherer sollten Sie sich mit Ihrem Wertekatalog fühlen.

Achten Sie darauf, dass Sie nicht zum Spielball manipulativer Kräfte werden. Es wäre ein Fehler, sich passiv von den Wellen des Schicksals treiben zu lassen. Ihre Werteordnung kann Ihnen nicht aufgezwungen werden, auch nicht in einer Diktatur, aber nur, wenn Sie eine gefestigte innere Haltung gewonnen haben. Der Neurologe, Psychiater und KZ-Überlebende Viktor Frankl (Österreich, 1905–1997) beschreibt die Gefahr sehr treffend, die mit einer fehlenden Werteordnung des Einzelnen einhergeht:

> »Im Gegensatz zum Tier sagen dem Menschen keine Instinkte, was er muss, und im Gegensatz zum Menschen von gestern sagen dem Menschen von heute keine Traditionen mehr, was er soll. Nun, weder wissend, was er muss, noch wissend, was er soll, scheint er nicht mehr recht zu wissen, was er will. So will er nur das, was die anderen tun – Konformismus! Oder er tut nur das, was die anderen wollen – Totalitarismus!«

Professor Viktor Frankl gehört zu den herausragenden Persönlichkeiten des 20. Jahrhunderts. Ich kann Ihnen die Lektüre seiner beiden Bücher *Über den Sinn des Lebens* und *Trotzdem Ja zum Leben sagen* wärmstens empfehlen.

Mit Rückgrat und einer aktiven Reissleine

Meine gute Bekannte aus Budapest hat von ihrer Großmutter, einer ehemaligen Baroness, gelernt: »Reich und unabhängig ist, wer ein Rückgrat hat.« Diese Ansicht teile ich voll und ganz. Das Gleiche haben mich auch meine Berufsjahre gelehrt. Doch wie werden Sie sich Ihres Rückgrats überhaupt bewusst? Und wie behalten Sie Ihr Rückgrat angesichts von Druck, Nötigung und Versuchungen, denen Sie im Laufe Ihrer Berufslaufbahn ausgesetzt sein werden? Die Antwort ist einfach: Sie brauchen eine Reißleine. Diese sollten Sie immer bei sich führen.

Ich unterscheide zwischen einer aktiven und einer passiven Reißleine. Ihre aktive Reißleine zügelt Ihren eigenen Vorwärtsdrang und verhindert, dass die Pferde mit Ihnen durchgehen. Mit einer passiven Reißleine haben Sie ein Regulativ für Ihr Verhalten in Bezug auf Geschehnisse, die um Sie herum passieren.

Starten wir mit Ihrer aktiven Reißleine.

Unterstellen wir, Sie sind aufgrund Ihrer beruflichen Position »am Drücker«. Dann geht es um die Fragen:

- Wie weit wollen Sie Ihre Möglichkeiten ausfahren?
- Wozu werden Sie Ihre Macht nutzen?
- Zu welchen Handlungen werden Sie sich hinreißen lassen?
- Wie werden Sie sich verhalten, wenn Ihnen niemand mehr Vorschriften macht?
- Was werden Sie tun, wenn Sie genau wissen, dass Ihnen niemand auf die Schliche kommen kann?
- Ist alles, was Ihnen durch Machtbefugnisse gestattet wird, auch eine Option für Sie, die Sie in Betracht ziehen werden?

Es ist unausweichlich in einem langen Berufsleben, dass der Tag kommen wird, an dem Sie Ihr wahres Gesicht zeigen müssen. Deshalb empfehle ich Ihnen, sich früh eine aktive Reißleine zuzulegen. Ansonsten sind Tür und Tor geöffnet. Ehe Sie sichs versehen, sind Sie in Umstände geschlittert, die Sie später bereuen werden.

Schauen wir uns exemplarisch ein paar Situationen an, in denen Menschen vor die Wahl gestellt wurden, sich dem Machtmissbrauch hinzugeben oder mit einer aktiven Reißleine auf theoretisch mögliche Handlungen zu verzichten:

- Genüsslich drauftreten
  Ein Studienfreund machte früh Karriere und wurde in den 1990er-Jahren Personalvorstand in einem Handelskonzern. Über seinen Vorstandskollegen, der für die operative Führung der Filialen zuständig war, sagte er: »Mein Kollege, der Herr M., wenn ich den beschreiben müsste, dann kann ich nur sagen: Wenn einer endgültig am Boden liegt, dann tritt der noch mal richtig drauf.«
  Ja, vielleicht wird es in ähnlichen Situationen auch für Sie eines Tages um folgende Entscheidung gehen: Werden Sie einem Menschen den Reis wegnehmen oder ihm auch noch seine Reisschale zertrümmern?
- Illoyalität
  Ein anderer Studienfreund leitete das Zweigwerk eines Automobilzulieferers. Die Eigentümerfamilie der Unternehmensgruppe hatte die Absicht, das Werk zu verkaufen. Das passte meinem Freund gar nicht. Auf meine Frage, was er denn nun vorhabe, immerhin sei sein Job gefährdet, antwortete er mit verschmitztem Lächeln: »Ach, weißt du, wenn die potenziellen Käufer zur Werksbesichtigung kommen, dann läuft halt bei vielen Maschinen das Öl raus und der ganze Laden macht einen richtig schlechten Eindruck.« Und in der Tat, der Verkauf kam nicht zustande. – Galt nicht früher der Satz »Wes Brot ich ess, des Lied ich sing«?
- Parteienverrat
  Krasse Fälle von egoistischem Parteienverrat habe ich beim Verkauf von Firmenteilen an Private-Equity-Unternehmen erlebt. Typischerweise werden ganze Geschäftssegmente aus »strategischen« Gründen unter der Regie des Vorstandsvorsitzenden

unter Wert veräußert. Kurze Zeit danach verlässt der verantwortliche Chef das Unternehmen und heuert bei dem Käufer an. Ich habe einen solchen Fall im Jahr 2002 erlebt. Der (ehemalige) Vorstandsvorsitzende hatte den schwachen Aufsichtsrat in der Hand.

- Bestechung
  Einen nicht minder dreisten Fall schilderte mir der Hauptgeschäftsführer einer mittelständischen Chemiefirma. Das Unternehmen besaß einen berühmten Markenartikel. Ein großer Konkurrent hatte ein Auge auf die kleinere Firma geworfen und machte den Eigentümern ein Kaufangebot. Dieses stieß dort auf wenig Interesse. Ich staunte nicht schlecht, als er mir berichtete: »Und dann haben mir die feinen Pinkel doch glatt 50 Millionen geboten, wenn ich meine Eigentümer umstimmen würde.« Er ist darauf nicht eingegangen. Seine Karriere entwickelte sich auch so glänzend. *Meine lieben Leserinnen und Leser, wie hätten Sie in so einer Situation entschieden? Hätten Sie schlaflose Nächte gehabt? Mit einer klar definierten Reißleine fällt Ihnen eine Entscheidung leicht. Da gibt es für Sie im Vorhinein nur ein klares Ja oder Nein. Für Ihre Entscheidung brauchen Sie dann keine 30 Sekunden. Quälende Zweifel kommen erst gar nicht auf.*
- Unverfrorene Privilegien
  Die einseitige Ausnutzung von Privilegien im Machtvakuum war eine Zeit lang bei Managern im Ruhrgebiet üblich. Führungskräfte gleicher Gesinnung, die sogenannten Ruhrbarone, besetzten Aufsichtsräte und Vorstände. Sie kontrollierten sich quasi gegenseitig, zum beiderseitigen Vorteil. Die Vorstände sorgten für üppige und viel zu hohe Aufsichtsratsvergütungen, obwohl das an sich umgekehrt sein sollte. Damit hatten sie sich eine Phalanx an Jasagern in ihren Kontrollgremien gesichert. Im Gegenzug sahen die Zusicherungen in manchen Vorstandsverträgen geradezu himmlisch aus. Aus der Montanindustrie ist mir ein Fall aus den 1980er-Jahren in Erinnerung, in dem neben dem üblichen Vorstandsgehalt und einer sensationellen Firmenpension auch noch ein Fahrer sowie ein Büro mit Sekretärin auf Lebenszeit (!) gestellt wurden – und außerdem jeden Donnerstag die Anlieferung frischer Blumen gratis ins Haus der Gattin. Solche Verträge haben wohl eine lebensverlängernde Wirkung.

Der Vorstand ist erst kürzlich im Alter von 92 Jahren gestorben. Noch extremer sind die Fälle, bei denen solche Luxusabsprachen juristisch elegant eingefädelt wurden, obwohl die Firma wirtschaftlich schon angeschlagen war. Gegen eine zeitgemäße Adjustierung der ursprünglichen Vertragszusagen wird dann sogar vor Gericht noch geklagt. Eine bodenlose Frechheit! *Meine Frage an Sie: Wie würden Sie entscheiden, wenn Ihnen der Füllfederhalter zur Unterzeichnung einer solch lukrativen Vereinbarung gereicht wird? Wissen Sie, ab welchem Punkt Sie Ihre Reißleine ziehen werden?*

- Vertrauensmissbrauch
  In vielen Berufen kommen Menschen an Weggabelungen, an denen moralische Entscheidungen zu treffen sind.
  - Zahnärzte, die aufgrund ihres Privatlebens (Scheidungen, aufwendiger Lebenswandel, Bankschulden und ähnliche Belastungen) unter dem Eindruck stehen, mehr Geld verdienen zu müssen. Da kann es schon mal vorkommen, dass dem Patienten die eine oder andere Zahnbehandlung dringend angeraten wird. Doch ist diese wirklich zwingend nötig? Der Zahnarzt als Autoritätsperson in seinem Metier und im weißen Kittel ist in einer starken Position.
  - Oder niedergelassene Fachärzte, die gerade eine kreditfinanzierte medizintechnische Apparatur angeschafft haben. Wie steht es mit der Berufsethik auf der einen Seite und der Handhabe des finanziellen Drucks auf der anderen? Bei ahnungslosen Patienten hätte man bei Anwendung des neuen Apparats doch erweiterte Abrechnungsmodalitäten! *Hoffentlich ist da noch Platz für eine aktive Reißleine in der Tasche des Arztkittels.*
- Bereicherung
  Aus den Geschichtsbüchern wissen wir, dass sich viele Menschen in totalitären Regimen bereichert haben. Während der nationalsozialistischen Ära haben viele Unternehmer gezielt darauf hingearbeitet, ganz oben auf der Liste der Arisierungsgewinner zu stehen. Beispiele dieser Art von Diebstahl und hemmungsloser Habgier füllen ganze Archive.
  - So zog beispielsweise ein hoher Parteifunktionär in das voll eingerichtete Haus des Schriftstellers Lion Feuchtwanger

(1884–1958) in Berlin ein und übernahm neben dem Haus im Nobelviertel auch noch den gesamten privaten Besitz samt voller Kleiderschränke.

- Ein später in Deutschland zu Prominenz gekommener Großhändler brachte es mit der Übernahme von Konkurrenzbetrieben als Arisierungsgewinner zur wahren Meisterschaft. *Eine Bemerkung am Rande: Der amerikanische Popsänger Billy Joel (73 Jahre) ist der Enkel eines Nürnberger Geschäftsmanns, der im Rahmen der sogenannten »Arisierung« ein Opfer solch oben erwähnter Umtriebe wurde.*
- Besonders dreist sind die Fälle, bei denen sich Unternehmer nach dem Zweiten Weltkrieg mit Händen und Füßen gegen eine Rückabwicklung des unrechtmäßig erworbenen Eigentums gewehrt haben. So hat ein nach Deutschland zurückgekehrter Nachfahre einer berühmten Bankiersdynastie Jahrzehnte gebraucht, bis er seine »Kompagnons« aus der Zeit des Tausendjährigen Reichs wieder loswurde.

Als Angestellter auf Ihrem zielstrebigen Weg zur Hierarchiespitze ebenso wie als selbstständig Tätiger im Aufbau eines großen Firmenvermögens werden Sie die Frage zu beantworten haben: Sind Sie willens, skrupellos über Leichen zu gehen? Welche Kollateralschäden werden Sie billigend mit einkalkulieren?

- Im Freundeskreis
  Ich habe es mehrfach erlebt, wie langjährige Geschäftsfreundschaften dem Egoismus geopfert wurden. Es ist traurig, wenn Sie eines Tages ganz oben angekommen sind und keinen einzigen Freund mehr haben. In der eisigen Luft eines eindrucksvollen Chefzimmers werden Sie es nicht verhindern können, dass Sie am Ende von mulmigen Gefühlen und schmerzlichen Erinnerungen eingeholt werden.
- In der Familie
  Die Karriere und der Beruf sind die klassischen Zeiträuber, die für das Familienleben oftmals kaum Platz lassen. Dazu ein typisches Beispiel aus einer erfolgreichen Konzernkarriere: Neulich unterhielt ich mich mit meinem früheren Chef in

Paris. Er ist nun pensioniert, schaut auf eine glänzende Karriere im internationalen Management zurück, hat auf drei Kontinenten gearbeitet und es zu viel Wohlstand gebracht. Von seinem schicken Apartment schaute er traurig auf den Eiffelturm und sagte: »Es belastet mich jeden Tag, dass ich meine beiden Söhne nicht habe aufwachsen sehen. Jetzt haben beide eigene Familien. Der eine lebt in Amerika, der andere hat einen Job in Asien. Wenn es hochkommt, sehe ich sie einmal im Jahr.« Tja, dachte ich mir, das stand ja wohl vorher fest. Ein typischer Fall eines Lebens ohne bewussten Einsatz einer eigenen Reißleine.

Bösartiges Schikanieren

Das bösartige Schikanieren von vermeintlich abhängigen Mitmenschen hat eine lange Tradition. Dieses Phänomen ist mir in verschiedenen Schattierungen begegnet.

- Schäbiges Verhalten
  Superreiche Erben, die hinter einer vornehmen Kulisse ihre Hausangestellten oder Dienstleister, beispielsweise ihren Gärtner, Fahrer, Rechtsanwalt oder angestellten Office Manager wie Dreck behandeln. Insidern sind diese »Arbeitgeberkandidaten« gut bekannt.
- Gehässigkeit
  Ein Bauträger, der ein großes Rad drehte, sagte einmal zu mir: »Wer für mich arbeitet und mehr als 100.000 Euro im Jahr verdient, der hat keinen Anspruch auf ein Privatleben. Den rufe ich auch samstags um 23 Uhr an.« Dabei grinste er selbstzufrieden. Als ehemaliger Volksschüler ohne Abschluss genoss er es, Akademiker für sich strampeln zu lassen.
- Unnötiges Triezen
  Ein schon früh verstorbener Kollege berichtete von seiner Zeit bei der Tochtergesellschaft eines amerikanischen Konsumgüterkonzerns. Sein Vorgesetzter verteilte mit großer Freude »Sonderaufgaben« freitags nachmittags mit der Maßgabe: »Das hätte ich dann gern am Montag früh auf meinem Schreibtisch.« Der Dienstag oder Mittwoch hätte es doch sicher auch getan.

- Sadismus
  Unter dem Schutz der Unkündbarkeit missbrauchten zahlreiche Beamte im 18. und 19. Jahrhundert ihre Stellung als Behördenleiter. Als die Juden im deutschen Sprachraum nichthebräische Namen beantragen mussten, machten sich Beamte einen großen Spaß daraus, schreckliche Familiennamen zu vergeben. Nachnamen wie Treppengeländer, Kugelmass, Ellenbogen und ähnliche Verunglimpfungen gehen auf diese Machenschaften zurück. Wer entsprechende Zahlungen (unter dem Tisch) leistete, konnte auf einen besseren Nachnamen wie Strassburger, Leipziger, Wertheimer, Sonnenberg oder Blumenthal hoffen. Ich bin davon überzeugt, dass jede Generation einen gewissen Prozentsatz an Sadisten hervorbringt. Das will natürlich niemand wahrhaben. Sollten Sie jedoch in einer ehrlichen Stunde diesen Charakterzug bei sich feststellen, dann bekennen Sie sich bitte auch dazu. Meine Empfehlung: Begeben Sie sich in professionelle Hände und versuchen Sie mit einer psychologisch-analytischen Behandlung, Ihrer Veranlagung auf den Grund zu gehen.

Ich möchte nicht als ein bigotter Moralist erscheinen. Viele von Ihnen werden unschöne Charakterzüge weit von sich weisen. Schließlich sind Sie ein anständiger, gut erzogener Mensch. Wie ist es aber wirklich um Ihre Tugendhaftigkeit bestellt?

- Mangel an Gelegenheit
  Sind Sie vielleicht nur deshalb ein »Ehrenmann«, weil sich Ihnen bislang gar keine Gelegenheit zur »Sünde« geboten hat? Das ist vielleicht gar nicht so weit hergeholt. Klingelt da vielleicht etwas bei Ihnen?
- Fehlgeleiteter Gehorsam
  Oder sind Sie vielleicht nur in der Spur geblieben, weil Sie Angst vor Verboten oder Bestrafung haben? Hier möchte ich warnen. Angst vor Verboten gehört nicht in Ihren Wertekatalog. Das ist keine sichere Reißleine für Sie. Denn das, was heute noch von der Justiz oder von einer Regierung verboten ist, kann morgen bereits erlaubt sein. Per Dekret wird von jetzt auf gleich die »öffentliche Moral« auf den Kopf gestellt. Ehemalige Verbote verkehren

sich ins Gegenteil und werden gutgeheißen oder sind plötzlich sogar erwünscht. Und was macht solch eine öffentliche Umkehr dann mit Ihrer persönlichen Moral und Ihrem Wertekatalog?

Eines der einprägsamsten Beispiele, wie Menschen hin- und hergeworfen werden, die sich im guten Glauben auf die Obrigkeit verlassen, ist der Schießbefehl an der DDR-Mauer. Die alte sozialistische Funktionärsriege der ehemaligen DDR hatte im Jahr 1961 eine Mauer zwischen West- und Ostdeutschland errichten lassen. Entlang der Grenze wurden im engen Abstand Wachposten eingerichtet, die Tag und Nacht besetzt waren. Das Wachpersonal rekrutierte sich aus Soldaten der Nationalen Volksarmee. Es ging darum, die DDR-Bürger daran zu hindern, zum sogenannten Klassenfeind überzulaufen – das waren die westdeutschen Bürger. Zum »Schutz« des DDR-Regimes hatten die Soldaten die »ehrenvolle Aufgabe«, auf jeden zu schießen, der versuchte, über die Mauer zu klettern. Bis zum Jahr 1989 wurden schätzungsweise 140 bis 245 Menschen beim Fluchtversuch erschossen, unzählige Personen wurden angeschossen und danach jahrelang inhaftiert.

Der gesamte Wachschutz-Schießbefehl-Apparat funktionierte jahrzehntelang »vorbildlich«. Die dort eingesetzten Soldaten erfreuten sich hoher Anerkennung seitens der Regierung. Ihnen war der Dank für ihren Einsatz im Kampf gegen die kapitalistische Bedrohung des Arbeiter- und Bauernstaats (wie die DDR sich nannte) sicher. Im November 1989 brach das SED-DDR-Regime zusammen. Westdeutschland und Ostdeutschland wurden zusammengeführt. Einen Klassenfeind gab es nicht mehr. Von heute auf morgen hatten die Mauersoldaten einer falschen Sache gedient. Aus ehemals verdienstvollen Beamten und Nationalhelden wurden über Nacht de facto Mörder.

Wer sich mit dem Thema der Konsequenzen eines politisch vorgegebenen Wertewandels näher beschäftigen möchte, dem ist die Betrachtung der Lebensläufe zweier prominenter Politiker zu empfehlen:

- Kurt Georg Kiesinger (Deutschland, 1904–1988), CDU-Politiker und dritter Bundeskanzler der Bundesrepublik Deutschland
- Kurt Waldheim (Österreich, 1918–2007), Generalsekretär der Vereinten Nationen und Bundespräsident der Republik Österreich

Beide Spitzenpolitiker wurden von ihrem vollzogenen Wertewandel, der aus ihren Machenschaften während der NS-Zeit resultierte, spät im Leben unerbittlich und aus meiner Sicht völlig zu Recht eingeholt.

Ihre passive Reißleine

Bei der passiven Reißleine geht es um Ihren Standpunkt im Verhältnis zu dem, was Sie in Ihrer direkten Umgebung erleben. Das betrifft Fragen wie:

- Sollen Sie da mitmachen? Und wenn ja, bis zu welchem Punkt?
- Schweigen Sie zu dem, was Ihnen missfällt, oder machen Sie den Mund auf?
- Wie lange wollen Sie gewisse Entwicklungen noch weiter passiv unterstützen?
- Wie lange wollen Sie sich bestimmte Dinge gefallen lassen?
- Schleichen Sie sich heimlich davon oder haben Sie den Mut, sich gegen die Flut zu stellen?

Je gefestigter Ihre innere Haltung ist, desto besser. Ansonsten wird es Ihnen schwerfallen, die nötige Courage aufzubringen. Und dann ist es um Ihr Rückgrat geschehen.

Zwängen und Repressalien können Sie nur mit einer ordentlichen Portion Mut begegnen. Der deutsche Regisseur und Emigrant Erwin Piscator (1893–1966) formulierte es treffend: »Es ist unmöglich, Staub aufzuwirbeln, ohne dass einige Leute husten.« Mut ist das Geheimnis der Freiheit. Wenn Sie auf der falschen Veranstaltung gelandet sind, dann nützt es nichts, die Augen zu verschließen. Auf Dauer wird es richtig ungemütlich. Sich etwas vorzumachen nach dem Motto »Das wird schon alles nicht so schlimm werden«, »Sicher war das alles nicht so gemeint, die werden schon wissen, was sie da anordnen« oder »Ja, aber es hat auch ein paar gute Seiten« ist nichts anderes als eine Verdrängung der Wahrheit. Sich als Mitläufer heimlich zu schämen, bringt Sie auch nicht weiter. Mit Ihrer passiven Reißleine geraten Sie erst gar nicht in die missliche Melange aus schlechtem Gewissen, Selbstbetrug und Feigheit.

Das Gefährliche ist der schleichende Prozess, mit dem Menschen ohne eigenen Wertekanon peu à peu orientierungslos abrutschen. Ich möchte hier den evangelischen Theologen Martin Niemöller (Deutschland, 1892–1984) zitieren:

> »Als die Nazis die Kommunisten holten, habe ich geschwiegen, ich war kein Kommunist. Als sie die Gewerkschafter holten, habe ich geschwiegen, ich war ja kein Gewerkschafter. Als sie die Juden holten, habe ich geschwiegen, ich war ja kein Jude. Als sie mich holten, gab es keinen mehr, der protestieren konnte.«

Auch in der Großindustrie habe ich erlebt, dass auf der oberen Führungsebene weggeschaut wurde. Ich weiß noch genau, wie ich den geschäftsführenden Gesellschafter einer bedeutenden Unternehmensgruppe auf Missstände in der Personalführung aufmerksam machte. Er hörte sich alles ruhig an und sagte dann: »Sie haben ja recht, Herr Elsässer, aber am Ende kümmere ich mich nur darum, dass der ganze Laden läuft. Was meine Leute da so treiben, ich höre es zwar, aber mich interessiert es nicht.« Kein Wunder, dass seine Haltung des Ignorierens sich verheerend auf die Unternehmenskultur auswirkte.

Auf allen Hierarchieebenen werden Sie in verschiedenen Situationen vor die Frage gestellt werden: Können Sie das noch länger mitansehen?

- Mobbing von Kolleginnen und Kollegen
- falsche Beurteilung von Leistungsbeiträgen innerhalb eines Teams
- personelle Fehlbesetzungen zum Nachteil für das Geschäft
- ein ungehöriger Umgang mit Mitarbeitern

Das sind alles Punkte, bei denen Sie mit Ihrer Werteordnung gefordert sein werden. Sie haben stets zwei Alternativen. Entweder Sie ziehen Ihre passive Reißleine oder Sie werden zum Duckmäuser und vielleicht sogar zum Mittäter.

Und was tun Sie, wenn Sie eines Tages selbst betroffen sind und ins Fadenkreuz genommen werden?

- Wie reagieren Sie, wenn Ihnen Ihr Erfolg nahezu unmöglich gemacht wird, aufgrund unrealistischer Geschäftsvorgaben seitens eines inkompetenten Vorgesetzten?
- Welche Konsequenzen werden Sie ziehen, wenn man Sie nötigt, die Unwahrheit zu sagen oder ein mangelbehaftetes Produkt auf den Markt zu bringen?
- Werden Sie sich als Bankangestellter Verkaufsvorgaben beugen, auch wenn die Finanzprodukte nicht im Kundeninteresse sind?
- Wie gehen Sie mit Tabuthemen um, die dringend besprochen werden müssten, aber zum wiederholten Mal nicht auf der Tagesordnung erscheinen?
- Was werden Sie tun, wenn die Arbeitsatmosphäre für Sie unerträglich wird, Sie aber gleichzeitig die Angst mit sich herumschleppen, in Ihrem Alter so einen Job nie wieder zu bekommen?
- Werden Sie Respektlosigkeiten gegenüber Ihrer Person auf Dauer hinnehmen?

Das Einzige, worauf Sie sich in solchen Situationen verlassen können, ist Ihr eigener Wertekatalog. Er sagt Ihnen, wann und wie die Reißleine zu ziehen ist. Erwarten Sie in kniffligen Lagen keine Unterstützung vonseiten Dritter. Im Gegenteil, da werden Sie allerhand zu hören bekommen: »Reiß dich doch mal zusammen«, »Du bist halt auch wirklich zu undiplomatisch«, »An deiner Stelle würde ich mal schön den Mund halten, bei der Wirtschaftslage« oder »Das Leben ist kein Wunschkonzert«.

Ich erinnere mich genau an solch eine Enttäuschung. Geschlagen wie ein Hund kam ich aus einer Präsentation. Ich war von weit angereist und hatte die politischen Strömungen in der Hauptverwaltung nicht mitbekommen. Mit viel

Engagement hatte ich mich vorbereitet. Zu meinem Entsetzen musste ich während meines Vortrages feststellen, dass man mich hinterlistig ins Messer laufen ließ. Man hatte mir übel mitgespielt. Keiner der Anwesenden sagte gegen die gehässigen Argumente des Vorsitzenden auch nur einen Ton. Alle schauten betreten drein. Sie spürten, dass der »Todesengel« über mir kreiste.

Als ich deprimiert aus dem Vortragssaal trat, vertraute ich mich meinem englischen Kollegen an. Er musste als Nächster präsentieren. Ich hatte auf ein Wort des Trostes oder ein Gefühl der Empathie gehofft. Stattdessen grinste er nur scheinheilig: »Du hast deine Sorgen, ich habe meine.« Ihm kam mein Ungemach gerade recht. Er sah in mir offenbar einen Konkurrenten.

Doch auch im gesellschaftlichen Leben lauern gefährliche Untiefen für Menschen, die ohne Reißleine und ohne Werteordnung unterwegs sind:

Der Sog der Massenhysterie

Seien Sie vorbereitet, wenn es heißt: »Da bist du doch auch dabei.« Je lauter die Fanfaren klingen, je freudiger die Fahnen geschwenkt werden, umso mehr brauchen Sie eine Reißleine. Die Geschichte lehrt uns, dass allzu großer Enthusiasmus im Rausch der gemeinschaftlichen Glückseligkeit, häufig in die Irre geführt hat. Sich unbedacht mitreißen zu lassen, anstatt danach zu fragen, wie dies alles zu Ihrer eigenen Werteordnung passt, kann übel ausgehen. An Ihrer Stelle wäre ich immer dann skeptisch, wenn große Kampagnen ausgerufen werden. Ich denke an Beispiele

- der Kriegsbegeisterung und von Aufrufen zur Zeichnung von Staatsanleihen,
- von Aufrufen gegen Minderheiten,
- des Fanatismus,
- der medialen Verführung, dass sich ja alle einer »guten« Sache anzuschließen haben,

- der Angstmacherei und Betonung einer Weltuntergangsstimmung,
- der götzenhaften Verehrung von Persönlichkeiten.

Die generelle Haltung gegenüber dem Staat

Die tiefsitzende Überzeugung, dass eine Regierung oder ein Staatsapparat von Natur aus die richtige Führung für eine Nation gewährleisten, ist falsch. Dennoch ist sie in den meisten Menschen seit Generationen tief verankert. Das Obrigkeitsdenken und die willige Akzeptanz von irrigen Direktiven wider besseres Wissen haben nichts mit dem Grad an Intelligenz oder der Stellung des Einzelnen zu tun. Sie sind das Resultat einer mangelnden Auseinandersetzung mit dem eigenen Wertekatalog. Diese Phänomene sind nur möglich, weil so wenige Menschen sich Gedanken über ihre eigene Reißleine machen und sich damit unvorbereitet dem Obrigkeitsdruck aussetzen.

Sie müssen sich entscheiden, wer für Sie darüber bestimmt, was »Gut und was Böse« ist. Sie haben die Wahl, wer Ihre Werteordnung determiniert:

- Sie selbst,
- Ihre Religion,
- Ihr Chef, Ihre Vorbilder oder Ihre Idole in Unternehmen, Parteiorganisationen und anderen Gruppierungen,
- die Regierung und der Staat.

Ich möchte Sie nicht bevormunden. Ich bevorzuge es, mein Leben selbst in die Hand zu nehmen, und würde es Ihnen auch empfehlen, denn so haben Sie das beste Fundament, um mit Rückgrat und Selbstachtung ein erfolgreiches und erfülltes Leben zu führen. Darauf zu warten, dass ein anderer Mensch oder eine Institution Ihnen die Erlaubnis erteilt, etwas zu tun, zu dem Sie eigentlich nicht stehen, ist eine waghalsige Angelegenheit.

Unter dem Strich geht es sowohl bei Ihrer aktiven wie bei Ihrer passiven Reißleine darum, wann Sie »Stopp« sagen – ohne Wenn und Aber.

Moralische Werte als Ansporn

Bitte verstehen Sie mich nicht falsch. Ich plädiere nicht dafür, dass Sie in der Rolle eines Rechthabers oder Moralisten selbstzerstörerisch Ihren Erfolg zunichtemachen. Mit einer aufrechten Haltung durchs Leben zu gehen, bedeutet nicht, dass Sie auf Ihren Erfolg verzichten und zum Märtyrer werden müssen. Nutzen Sie vielmehr Ihre moralischen Werte als Ansporn, proaktiv und pragmatisch vorzugehen.

Mein Rat für Sie:

- Beobachten Sie Ihr Umfeld sehr genau. Achten Sie auf Entwicklungen, die Ihnen nicht gefallen.
- Nehmen Sie Warnsignale ernst. Durchdenken Sie die möglichen Szenarien der nahen Zukunft. Was kommt da unweigerlich auf Sie zu? Warten Sie nicht ab.
- Die Devise muss heißen: »Währet den Anfängen.« Steuern Sie aktiv üblen Tendenzen entgegen.
- Finden Sie rechtzeitig Gleichgesinnte. Sie kämpfen sonst schnell allein auf verlorenem Posten.
- Suchen Sie Verbündete mit unterschiedlichen Talenten:
  - Menschen, die gut verhandeln können,
  - Kollegen, die in der Firma besser vernetzt sind als Sie,
  - Mitarbeiter, die das Vertrauen wichtiger Personen genießen,
  - Menschen, die Sachverhalte professionell schriftlich gut darstellen können, oder
  - Kollegen, die sprachgewandt sind.

Warten Sie nicht ab, bis das Fass überläuft. Nutzen Sie Ihre Werteordnung wie ein Frühwarnsystem. Ich versichere Ihnen: Wenn Sie rechtzeitig die Signale erkennen, werden Sie erst gar nicht in prekäre und ausweglose Situationen kommen.

Streichen Sie das Wort »wenn«

Jeder von Ihnen kann im Leben mehr erreichen, als ihm an der Wiege gesungen wurde. Das ist die gute Nachricht. Ob Sie mit Ihrem Erfolg jedoch glücklich werden, ist eine andere Frage. Die Antwort hängt von Ihrer Werteordnung ab. Auf dem Weg zum Glücklichsein möchte ich Ihnen einige Anregungen an die Hand geben. Diese sollen Ihnen helfen, einen Zugang zu Ihrer persönlichen inneren Haltung zu finden.

- Gehen Sie Ihre Ziele nicht verbissen an. Bei allem nötigen Ehrgeiz rate ich von der Einstellung »Koste es, was es wolle« ab. Gewöhnen Sie sich an, die Hürden des Lebens mit einem feinen Sinn für Humor zu meistern. Das ist ein gutes Mittel. Ich weiß, es wurde Ihnen in der Schule nicht beigebracht. Also liegt es an Ihnen, sich diese Haltung im Laufe der Jahre anzueignen.
- Versuchen Sie, den Weg auf Ihr Ziel hin zu genießen. Zu glauben, dass Sie erst dann ein zufriedener Mensch sein werden, wenn Sie oben am Ziel angekommen sind, ist ein Trugschluss. Ihr Weg und Ihr Ziel müssen im Einklang stehen. Bei der Lektüre vieler Biografien ist mir aufgefallen, dass der Aufstieg zum Erfolg in der Regel der viel interessantere Teil des Lebens war als die späteren Jahre des Ruhms.

Der berühmte Pianist Artur Rubinstein (polnischer Exilant, 1887–1982) lebte nach der Maxime, das Wort »wenn« aus seinem Leben zu streichen. Was meinte er damit? Die Zufriedenheit darf nicht an einen bestimmten Wunschkatalog gekoppelt werden. Sie müssen das Leben unter den Umständen akzeptieren, die Ihnen das Schicksal serviert. Ihre Werteordnung ist dazu da, dass Sie sich stets eine bedingungslos konstruktiv-positive Einstellung zum Leben bewahren können.

Das Du kommt vor dem Ich

Der Egoismus und eine egozentrische Sichtweise auf das Leben sind der todsichere Garant, um auf Dauer ein unglücklicher Mensch zu werden, und zwar unabhängig davon, ob Sie beruflich und finanziell Ihre Ziele erreichen oder nicht.

> Ich werde mein erstes Gespräch mit meinem schon zuvor erwähnten Arzt, dem ehemaligen Urwalddoktor Dr. Theodor Binder (Elsass, 1919 – 2011), nie vergessen. Ich war in meinen frühen Vierzigern, gesundheitlich angeschlagen und unzufrieden mit meinem Leben. Nach intensiver Untersuchung in seiner Praxis in Lörrach und einem entsprechenden Medikationsplan verabschiedete ich mich. Ich war bereits halb durch die Tür, als er zu mir sagte: »Herr Elsässer, denken Sie immer daran: Schon im Alphabet kommt das Du vor dem Ich.« Dabei sah er mir tief in die Augen. Dr. Binder war damals etwa 80 Jahre alt. Er hatte die Welt und die Untiefen der menschlichen Seele kennengelernt.
>
> Meine Freundin aus Los Angeles, verheiratet mit einem Oscar-Preisträger, schilderte mir den Konkurrenzkampf in der Glamourwelt der Filmindustrie Hollywoods mit den frustrierten Worten: »Weißt du, wenn ich morgens von Santa Monica nach Downtown Los Angeles fahre, stecke ich meistens lange im Stau. Wenn ich dann links und rechts in die Autos schaue, dann sehe ich am Lenkrad lauter Menschen, die nur von einem besessen sind: *me, myself and I* – eine völlig ichsüchtige Gesellschaft.«

Auch wenn 90 Prozent der Menschheit aus Egoisten besteht, sollten Sie sich bemühen, zur Minderheit zu gehören. Das ist ein zentraler Punkt in meiner Werteordnung – vielleicht auch in Ihrer?

Betrachten wir einmal die Einstellung zu den Mitmenschen. Lenin hat die schreckliche Aussage gemacht: »Keine Menschen, keine Probleme.« Schlussendlich führt eine solche Betrachtungsweise zur Rechtfertigung von Massenmorden.

Je erfolgreicher Sie werden, umso mehr müssen Sie aufpassen, dass Sie nicht zu einem zynischen und überheblichen »Großkotz« werden.

Meine kluge Freundin aus München, zweimal mit einem Topmanager verheiratet, verkehrt in gehobenen Kreisen. Sie schilderte mir immer wieder das traurige Bild, das sogenannte Wirtschaftskapitäne im privaten Umfeld abgeben: »Ich kann es einfach nicht verstehen. Als junge Männer waren das doch mal ganz anständige Menschen. Und jetzt im Alter, finanziell bestens versorgt, im Beruf alles erreicht, sind so viele von denen zu wirklich negativen und unerfreulichen Gestalten geworden.« Orientieren Sie sich lieber an anderen Vorbildern.

Natürlich sind wir alle nur Menschen mit Fehlern und Schwächen. Mir macht es aber bis heute Freude, mich beständig der Herausforderung zu stellen, ein besserer Mensch zu werden (hoffentlich klingt das jetzt nicht zu vermessen). Ich halte nichts von dem Spruch »Was Hänschen nicht lernt, lernt Hans nimmermehr«. Ganz im Gegenteil. Wir alle haben jeden Tag erneut die Chance, darüber nachzudenken, an welcher Werteordnung wir unser Verhalten ausrichten.

Seit Generationen haben Gelehrte über dieses Thema nachgedacht. Liebe Leserinnen und liebe Leser, Sie können also leicht Zugang zu einem wahren Schatz an Wissen über Moral und Wertvorstellungen finden. Mir persönlich gefallen die großen Meister vergangener Jahrhunderte. Ein herausragender Denker war beispielsweise der Philosoph und Arzt Moses Maimonides (Spanien, 1138–1204). Er rät zu drei Tugenden für ein vorbildliches Verhalten: Bescheidenheit, Anteilnahme und Gutherzigkeit.

Ich wünsche Ihnen, dass Sie – gerade als erfolgsorientierter Mensch – zu einer Haltung gelangen, die es Ihnen ermöglicht, jeden Tag mit Herzenswärme und Intelligenz das Richtige zu tun. Das macht für mich einen wahren Menschen aus.

Lassen Sie sich nicht von Gegenbeispielen irritieren, etwa Minister, die ihre Ideologie oder ihre egoistischen Ziele über das Wohl der Bürger stellen, oder Industriebosse, die mit einer Söldnermentalität an ihren Sesseln kleben. Ich möchte bewusst noch einmal wiederholen: Der Weg zu einem erfolgreichen und gleichzeitig erfüllten Leben führt nicht über die Station »Ego«.

Geben und Danken

Die Überlegung, das Du vor das Ich zu stellen, führt uns zu dem Aspekt des Gebens und Dankens. Für erfolgreiche Menschen ist das ein weiterer wichtiger Punkt in der Werteordnung. Denn je mehr ihnen der Erfolg zufliegt, umso mehr sollte der Aspekt des Gebens in den Vordergrund treten.

Mit dem Geben erzielen Sie einen doppelten Gewinn: Zum einen kreieren Sie mit Ihrer guten Tat Freude beim Empfänger, zum anderen können Sie sich am Geben erfreuen. Damit geht gleichzeitig das Danken einher: die Dankbarkeit dafür, dass Sie geben durften, aber auch dafür, dass Sie überhaupt in der Lage sind, anderen etwas geben zu können.

Hier geht es nicht allein um finanzielle Zuwendungen. Als Vollzeitinvestor arbeite ich auch noch im Alter sehr viel und bin mit meiner Arbeit ausgelastet. Dennoch veröffentliche ich wöchentlich kostenlose Beiträge auf meinem YouTube-Kanal, gebe Podcast-Interviews, erteile Rat in persönlichen Gesprächen und halte Vorträge. Ich bin immer wieder überrascht, wenn ich von Menschen, die mich schon lange kennen, leicht irritiert angesprochen werde: »Warum machen Sie das eigentlich? Sie haben das finanziell doch gar nicht nötig.« Die Vorstellung, dass es mir ein Anliegen sein könnte, meine Erfahrungen an andere Menschen weiterzugeben, ist vielen offenbar fremd. Die Vorstellung, dass ein erfolgreicher Mensch sich uneigennützig mit Fleiß einer Sache widmet, die ihm am Herzen liegt, ist wohl aus der Mode gekommen. Es ist ein unverzeihliches Versäumnis an den Universitäten, Business Schools und Berufsschulen, dass das Seminar »Geben, Danken und Uneigennützigkeit« auf dem Lehrplan fehlt.

In jungen Jahren war auch ich ein Opfer der Gehirnwäsche der Erfolgsdenker. Und auf viele meiner Handlungen im Beruf als damals angehender Topmanager bin ich rückblickend nicht stolz. Aus eigener Erfahrung kann ich Ihnen jedoch versichern, dass man jederzeit seine Handlungsweise ändern kann. Vertrauen Sie mir: Egal wie, der Aspekt »Geben und Danken« gehört in Ihre Werteordnung.

Der Sinn für das Spirituelle

Neulich besuchte mich ein Industrieller aus Luzern. Wir sprachen darüber, wie er seine Kinder von langer Hand auf ihr Erbe vorbereitete. Ich war überrascht, als er seinen Gedankengang darlegte. Mir war klar, dass die erzieherische Vorbereitung auf die Übernahme eines großen Vermögens einer klaren Werteordnung bedurfte.

Seine Wertezuordnung gefiel mir jedoch besonders gut. Sie entwickelt sich in folgenden Schritten:

- Vom richtigen Umgang mit Geld zur richtigen Einstellung zum Geld.
- Die richtige Einstellung zum Geld ist eine Widerspiegelung der richtigen Einstellung zum Leben.
- Die richtige Einstellung zum Leben ist eine Widerspiegelung der richtigen Einstellung zum Mitmenschen.
- Und diese wiederum ist eine Widerspiegelung der richtigen Einstellung zum Schöpfer.

Ich habe meinen Bekannten nicht gefragt, ob sein Gedankengang von ihm selbst stammt oder ob er diese Weisheit von jemand anderem übernommen hat.

So wie sich Ihr Erfolg im Laufe Ihres Lebens nach und nach ergeben wird, so sollten Sie mit großen Schritten auch in die Welt Ihrer eigenen Werteordnung hineinwachsen.

Aus zahlreichen Gesprächen weiß ich, dass viele Menschen den Halt im Leben verloren haben. Es fehlt ihnen an innerer Führung. Und damit ist der Weg zum Glücklichsein verbaut. Sicherlich kennen auch Sie Menschen,

- die in ihrem Familien- oder Bekanntenkreis, ohne eine klare Werteordnung aufgewachsen sind,
- die mit ihrer alten Werteordnung nichts mehr anfangen können,
- die äußerlich »okay« erscheinen, materiell erfolgreich, aber im Inneren voller Selbstzweifel und von einer tiefen Leere geplagt sind.

Der Pulitzer-Preisträger Robert P. Warren (Amerika, 1905–1989) beschreibt dieses Gefühl des Verlorenseins in meinen Augen treffend: »Die Antwort steht hinten im Buch, aber die Seite ist nicht mehr da.«

Wenn Sie zu den Menschen gehören, die niemanden haben, an den Sie sich vertraulich wenden können, um Unterstützung für die Struktur Ihrer Werteordnung zu finden, dann rate ich Ihnen: Versuchen Sie es doch einmal mit dem Glauben. Ich propagiere hier keine bestimmte religiöse Richtung und schon gar keine kirchliche Institution. Wenn es aber um Ihre Werteordnung geht, so sollten Sie im Laufe der Zeit einen Sinn für das Spirituelle entwickeln. Denn letztlich ist das Leben eine Abfolge permanenter moralischer Entscheidungen, die auf Ihren Überzeugungen und Ihrem Glauben basieren sollten.

Ich habe allergrößten Respekt vor spirituellem und religiösem Gedankengut, das teilweise Jahrtausende überdauert hat. Wenn Sie sich die Zeit nehmen, werden Sie bei der Beschäftigung mit der Thematik ein breites Spektrum an Orientierungsmöglichkeiten finden. Es gibt alle Schattierungen:

- Wege, die Sie zu einer Glaubensgemeinschaft führen, in der Sie Führung, Halt und Geborgenheit finden.
- Wenn Sie die Dinge lieber mit sich selbst ausmachen, so empfehle ich Ihnen, Ihre Bettlektüre zu ändern. Lesen Sie bewusst und unvoreingenommen querbeet über die Kopten und Ismaeliten, den Islam, über das Leben von Buddha und Osho, über die Quäker, die verschiedenen Richtungen der orthodoxen Juden et cetera. Vielleicht werden Sie an einer bestimmten Stelle aus Ihrem Dämmerschlaf gerissen und sehen die Dinge plötzlich in einem anderen Licht.

- Falls Ihnen dies alles zu zeitintensiv ist, so schauen Sie sich zumindest einmal die Zehn Gebote an. Sie gehen immerhin auf das Jahr 622 vor Christus zurück und bilden die Grundlage der Werteordnung aller Christen und Juden. Gehen Sie diese »Zehnerkarte« einmal Punkt für Punkt durch.

Sie würden staunen, wie viele Unternehmer und Führungspersönlichkeiten mit ihrem jeweiligen Glauben auf das Engste verwurzelt sind. In der heutigen Zeit scheuen sich viele Menschen, sich öffentlich dazu zu bekennen, aber hinter den Kulissen würden Sie erfahren, dass bei diesen Menschen kaum eine unternehmerische Entscheidung gefällt wird, ohne diese mit der Glaubensüberzeugung abgestimmt zu haben. Eine glaubensbasierte Werteordnung ist kein Hemmschuh im Erfolgsfahrplan, sondern ganz im Gegenteil ein wesentlicher Antrieb für die persönliche Schaffenskraft.

Hierzu möchte ich vier Beispiele spirituellen Rückhalts erwähnen:

- Conrad Hilton (Amerika, 1887–1979), Gründer der gleichnamigen Hotelkette, der ein Leben lang als gläubiger Katholik stets Antworten im Gebet gefunden hat. Seine Autobiografie *Die Welt bei mir zu Gast* gibt dies eindrucksvoll wieder.
- John D. Rockefeller (Amerika, 1839–1937), der als streng gläubiger Baptist die moderne Ölindustrie nachhaltig geprägt hat
- die große Anzahl ultraorthodoxer Juden in Brooklyn und Antwerpen, die trotz extremer religiöser Einschränkungen überaus erfolgreich als internationale Unternehmer tätig sind
- Auch außerhalb der klassischen Religionen habe ich Unternehmer kennengelernt, die ihr eigenes »Glaubenspaket« geschnürt haben. In Rotterdam kenne ich eine Reederfamilie, die alle wichtigen Entscheidungen mittels Kinesiologie im Selbsttest vorab überprüft.

Eine intolerante Einstellung gegenüber Andersdenkenden und Andersgläubigen ist für mich nicht akzeptabel. Ich habe noch gut in Erinnerung, wie vor einigen Jahren ein katholischer Geistlicher während des Gottesdienstes andere Glaubensansichten sowie Parawissenschaften als »Tand und Aberglauben« abtat. Ganz gleich, wie Sie bisher zu dem Komplex »Glauben und Spirituelles« stehen, seien Sie versichert: Es gibt nun einmal Dinge zwischen Himmel und Erde, die mit der Schulwissenschaft nicht zu erklären sind. Sie sollten die Augen vor dieser Tatsache nicht verschließen.

Eine der weiteren Grundsatzentscheidungen, die Sie in Ihrer Werteordnung zu treffen haben – völlig losgelöst von Ihrer Einstellung zur Religiosität –, lautet: Woran glauben Sie? Sind Sie in Ihrem Leben hier bereits im »Himmelreich« oder erwartet Sie das Himmelreich erst im Jenseits? Oder existiert für Sie überhaupt kein Himmelreich? Diese Fragestellungen sind für Sie womöglich ungewohnt. Dennoch sollten Sie der Beantwortung nicht ausweichen. Ich für meinen Teil habe mich im Laufe meines Lebens für ein hundertprozentiges Bekenntnis zum Leben entschieden. Für mich ist das Himmelreich genau jetzt, hier und heute.

Das führt uns zu den letzten wichtigen Punkten in Ihrer Werteordnung: dem Respekt vor dem Leben und dem Bewusstsein für die Kostbarkeit der Zeit.

Die Kostbarkeit der Zeit

Sehr alte Menschen schauen zwar auf ein langes Leben zurück, in Gesprächen höre ich aber immer wieder, dass sie ihr Leben als sehr kurz empfinden. »Die Zeit ist einfach verflogen«, sagte mir neulich ein 96-jähriger Investor. Viele Menschen gehen mit ihren Zielen und Vorhaben so um, als wenn sie 300 Jahre alt würden. In der Werteordnung der meisten Menschen fehlt das Verständnis für dieses Juwel der geschenkten Zeit. Ich vermisse bei so vielen Menschen die Konsequenz im Handeln angesichts der Begrenztheit der Lebenszeit. Seien Sie guter Dinge und erfreuen Sie sich Ihres Wirkens, aber arbeiten Sie daran, die Endlichkeit Ihrer Existenz nicht zu verdrängen. Eine kleine Geschichte hilft mir seit Jahren immer wieder, mir die Kostbarkeit der Zeit plastisch vor Augen zu führen:

Stellen Sie sich bitte folgendes vor, Sie liegen morgens schläfrig im Bett. Da öffnet sich leise die Tür. Ein freundlicher Herr tritt ein. Es ist Ihr Butler. Behutsam klopft er an Ihre Schulter.

»Guten Morgen, Zeit zum Aufstehen. Die Wetteraussichten sind gut. Heute ist Tag Nummer 3742 Ihres verbleibenden Lebens.«

Tags darauf sagt er: »Heute haben Sie einen Arzttermin. Es ist Tag Nummer 3741 Ihres verbleibenden Lebens.«

Am darauffolgenden Morgen heißt es: »Tag Nummer 3740 Ihres verbleibenden Lebens.«

Eines Tages flüstert der Butler Ihnen ins Ohr: »Guten Morgen, Zeit zum Abschiednehmen, ab heute werde ich nur noch 14-mal zu Ihnen kommen.«

Betrachten Sie kritisch, ob Sie Ihre Zeit behutsam und wertschätzend füllen. Ihre Werteordnung wird Ihnen eine klare Prioritätenliste vorgeben. Das betrifft auch den Kreis der Menschen, denen Sie Ihre Zeit schenken. Zu diesem Zweck möchte ich Ihnen ein kleines Experiment ans Herz legen: Es war ein Gedanke, der mir kürzlich einfach so – ohne irgendeinen Zusammenhang – zugeflogen ist. Bis heute kann ich ihn mir nicht erklären.

Ich stand unter der Dusche. Plötzlich stellte ich mir die Frage: Wenn du jetzt in diesem Moment noch genau eine Stunde zu leben hättest und du dürftest diese Stunde mit nur einer Person verbringen – lebend oder bereits verstorben: Für wen würdest du dich entscheiden? Spontan kam mir ohne den geringsten Zweifel diese Person in den Sinn. Zu meiner großen Überraschung war es jedoch keine der Personen, an die ich normalerweise gedacht hätte. Ich war regelrecht erschüttert, denn ich hatte die präferierte Person in den letzten Jahren eher links liegen gelassen. Mit wem würden Sie Ihre letzte Stunde auf dieser Welt verbringen?

Ich hoffe, ich konnte Sie ein wenig für das Thema Werteordnung sensibilisieren. In Ihrem Erfolgsfahrplan ist Ihr Wertekatalog das i-Tüpfelchen. Er schafft den Rahmen, in dem Sie ein glückliches, erfolgreiches und selbstbestimmtes Leben aufbauen werden. Ganz gleich, wie alt Sie sind: Machen Sie sich auf den Weg!

Schlusswort

Wir sind am Ende der *Sechs entscheidenden Lektionen des Lebens* angekommen. Ich danke Ihnen für Ihr Interesse und Ihre Geduld. Ich schlage vor, Sie legen das Buch zur Seite. Lassen Sie das Gelesene und Ihre Gedanken sacken.

Heben Sie das Buch bitte gut auf, selbst für den Fall, dass Sie momentan mit der einen oder anderen Stelle nicht so viel anfangen können. Eines schönen Tages werden Sie das Buch erneut in die Hand nehmen. Und auf einmal werden Sie eine bestimmte Stelle in einem ganz anderen Licht sehen.

Alternativ starten Sie recht bald mit einem zweiten Lesedurchgang. Konzentrieren Sie sich auf die Punkte, die Ihre aktuelle Situation betreffen. Beschäftigen Sie sich aber auch schon gezielt mit Aspekten, die für Ihre nächste Lebensphase oder berufliche Entwicklung wichtig sein könnten. Weiterführende Überlegungen nehmen Sie sich später vor. Am besten legen Sie den Termin für ein drittes Lesen heute schon fest. Tragen Sie das Datum vorne im Buch ein, beispielsweise: »Erneut zu lesen am 1. Mai 2026.«

Mein besonderer Dank gilt dem Verlagsleiter des FinanzBuch Verlags Herrn Georg Hodolitsch, der mich unermüdlich und mit viel Inspiration beim Schreiben des Buches begleitet hat. Ohne seinen Zuspruch gäbe es dieses Buch nicht. Danken möchte ich auch meiner Kollegin, Frau Gaby Strausak, die mich bei der Erstellung des Buches mit großem Engagement einmal mehr unterstützt hat. Dem Profifotografen Herrn Marc Bernot danke ich für das ansprechende Buchcover.

Seien Sie bitte so freundlich und denken Sie darüber nach, wer in Ihrem privaten Umfeld dieses Buch unbedingt lesen sollte. Empfehlen Sie die Lektüre. Ich danke Ihnen.

Ich freue mich in jedem Fall, von Ihnen zu hören. Wenn Sie oder Ihre Freunde Hilfe benötigen, wenden Sie sich vertrauensvoll an mich. Mein Angebot steht.

Mit den besten Grüßen
verbleibe ich

Ihr
Dr. Markus Elsässer
me@markuselsaesser.com

Über den Autor

Dr. Markus Elsässer wuchs als Sohn eines Botschafters in London, Hongkong und Paris auf. Im Anschluss an seine Banklehre und sein Wirtschaftsstudium arbeitete er als Wirtschaftsprüfer, ehe er 1986 vom *Manager Magazin* zu einem der Top-Ten-Nachwuchsmanager Deutschlands gewählt wurde. Seine Industriekarriere begann als Finanzdirektor bei Dow Chemical Deutschland, danach war er in Sydney als General Manager für Benckiser und schließlich in Singapur als Managing Director Asia-Pacific für die Storck-Gruppe tätig. Seit 1998 ist er selbstständiger Investor und Gründer der ME-Fonds, die er seit mehr als 20 Jahren betreut. Einige Jahre arbeitete er eng mit dem bekannten New Yorker Börsianer Guy Wyser-Pratte zusammen. Darüber hinaus war Dr. Elsässer viele Jahre als Mitglied in Aufsichts- und Vermögensbeiräten einiger einflussreicher Industriefamilien tätig.

Er hat über 40 Jahre Industrie- und Finanzerfahrung und ist mit großer Passion ein bewusst unabhängiger Investor. Kennzeichnend für seinen Anlagestil ist ein tiefes Verständnis für die Geschäftswelt und ihre globalen Zusammenhänge. Als einer der ganz wenigen vereint er praktische Führungserfahrung in der Industrie, auch in fremden Kulturen, mit fundiertem Finanzwissen.

Regelmäßig veröffentlicht Dr. Elsässer Beiträge zum Wirtschafts- und Finanzgeschehen auf seinem YouTube-Kanal *Markus Elsässer* sowie in Podcasts (Spotify: Dr. Markus Elsässer – Des klugen Investors Podcast). Außerdem ist er Teilnehmer an verschiedenen Börsen- und Finanzforen.

me@markuselsaesser.com
www.elsaessermarkus.de
YouTube: Dr. Markus Elsässer

Zuschriften zum Buch *Des klugen Investors Handbuch*

»Lieber Herr Dr. Elsässer. Zunächst möchte ich Ihnen jedoch ein weiteres Feedback zu *Des klugen Investors Handbuch* weiterleiten. Mein Großvater ist vor einigen Wochen leider in eine etwas komplizierte gesundheitliche Lage geraten, die die behandelnden Ärzte veranlasst hat, ihn für eine Woche ins Krankenhaus einzuweisen. Zur Aufmunterung habe ich ihm Ihr Buch vorbeigebracht. Dieses hat er innerhalb des ersten Tages dort vollständig gelesen. Mittlerweile hat er das Buch noch insgesamt drei weitere Male gelesen. Er ist sehr beeindruckt, da dieses Werk seine Börsenerfahrungen der letzten Jahrzehnte in vielen Punkten äußerst treffend beschreibt. Zudem hat er einige Inspirationen für zukünftige Investments gefunden und fühlt sich überdies auf vielen seiner Wege bestätigt. Von Ihrem Buch ist er begeistert und hält es ganz konkret für das mit Abstand beste Börsenbuch, das er jemals gelesen hat. Er bat mich, Ihnen seine Rezension auf diesem Wege auszurichten.«

J. C. L., Norddeutschland
Dezember 2021

»Sehr geehrter Herr Elsässer, grundsätzlich lese ich interessante Bücher zweimal, auch markiere ich die für mich wichtigsten Punkte bzw. Aussagen. Das habe ich mit dem Buch *Des klugen Investors Handbuch* ebenfalls getan. Ich habe mich dafür entschieden, es zu einem meiner Leitfäden für meine weitere Investmententwicklung zu nehmen. Auch Ihre persönlichen Hinweise auf den Charaktertyp eines Investors vs. Spekulanten sind bares Geld wert. Wer selbstreflektiert genug ist, der kann hier schon seine entscheidenden Weichen stellen. Kurzum, es ist ein authentisches und wichtiges Buch für jeden, der sich auch nur ansatzweise ernsthaft und seriös mit dem Thema Geldvermehrung auseinandersetzt. Ich werde es jedenfalls meinen bereits erwachsenen Kindern ohne jeglichen Anlass mit den entsprechenden Hinweisen bzw. Empfehlungen schenken, da gerade die nächste Generation in der Breite definitiv anders denken und handeln sollte als die jetzige.«

K., Heidelberg/Deutschland
Oktober 2021

»Sehr geehrter Herr Dr. Elsässer, knapp eine Woche nach unserem Telefonat habe ich *Des klugen Investors Handbuch* nun fertig gelesen. Während der Lektüre habe ich mir einige Notizen gemacht und werde Ihnen wie besprochen im Folgenden einige meiner Gedanken als Feedback zum Buch mitteilen.

Insgesamt liest sich *Des klugen Investors Handbuch* sehr leicht und kurzweilig, was schön ist (gerade für Menschen, die sich zum ersten Mal mit der Börse beschäftigen), da es sich bei Geldanlagethemen ja bekanntermaßen um oftmals trockene Inhalte handelt. Sie schaffen es, diese sehr verständlich zu vermitteln. Man bekommt beim Lesen ein Gefühl von Ihrem tiefen Verständnis der Börsen- und Unternehmenswelt.

Mir, der sich ja schon seit einigen Jahren autodidaktisch mit der Materie auseinandersetzt, hat das Buch einige neue Inspirationen und Sichtweisen vermittelt. Exemplarisch sei hier der Verweis auf den Brandversicherungswert in schweizerischen Bilanzen genannt – ein Punkt, den ich noch gar nicht auf dem Schirm hatte.

An anderen Stellen hat das Buch mich bestätigt, die Dinge, so wie ich sie angehe, richtig zu machen. Beispiele hierfür wären zahlreich zu nennen, hier eine Auswahl: die Auseinandersetzung mit der eigenen Psyche, dem Nervenkostüm, die Vermeidung von Aktionismus durch eine langfristige Orientierung, das konservative Halten von Cash-Reserven (dieser Punkt fällt mir in der

Stiftung viel leichter als privat) sowie das Reinvestieren von Dividenden etc.

Zudem habe ich beim Lesen oft erlebt, dass Dinge, die ich intuitiv schon länger so mache oder beobachte, von Ihnen auf den Punkt gebracht werden, mir also zum ersten Mal so richtig bewusst vor Augen geführt werden. Das waren besonders schöne und bestätigende Momente beim Lesen, die mir viel Freude gemacht haben!

Insbesondere das Denken in Prozent ist ein Punkt, der mir seit Längerem im Alltag hilft, die verschiedenen Portfolios, die über meinen Schreibtisch laufen, professionell zu bearbeiten. (In der Stiftung wandert teilweise an einem Tag der Wert eines Mittelklassewagens rauf oder runter, während sich in meinem privaten Portfolio nur wenige Hundert Euro bewegen. In Prozent ist es aber beides das Gleiche.)

Auch Ihr Verweis auf die Charttechnik als Orientierung in schwierigen Phasen freut mich persönlich, da ich sehr gerne solche charttechnischen Analysen erstelle, aus denen ich mir dann Einstiegsstrategien herleite. So konnte ich z. B. den Tiefpunkt im DAX während des Crashs letztes Jahr bereits zu Beginn des Abrutschens der Märkte einzeichnen und habe daher sehr schöne Einstiegskurse in vielen Titeln erwischt.

Ebenso wie Sie bin ich zudem ein großer Freund des gedruckten Geschäftsberichts. Anfang dieses Jahres habe ich alle Investor-Relations-Abteilungen »meiner« Unternehmen abtelefoniert und um Übersendung der gedruckten Berichte gebeten. Nicht alle sind diesem Ersuchen nachgekommen, aber doch einige.

Insgesamt hat das Buch mir, auch wenn ich einiges aus dem Alltag schon kannte, eine sehr schöne Bestätigung gegeben, auf dem richtigen Weg zu sein. Es zeigt sich, dass wir beide offenbar einen ähnlichen Ansatz haben, mit dem Geschehen an den Finanzmärkten umzugehen, wenngleich Sie mir in puncto Erfahrung, Know-how, Gründlichkeit im Research, Netzwerk und nicht zuletzt auch Kapital natürlich um Längen voraus sind.

Was ich auf meinem weiteren Weg an der Börse nach der Lektüre Ihres Buches in Zukunft unter anderem verstärkt tun werde:

- mich auf den Aktienbesitz der Vorstände und Aufsichtsräte konzentrieren und diesen notfalls erfragen
- bei Schweizer Aktien den Brandversicherungswert suchen
- eine größere private Cash-Position aufbauen
- mehr auf Umsatzrendite und Bruttomarge achten
- weniger tagesaktuelle Börsen- und Finanzpresse lesen und mich noch stärker mit den Primärquellen beschäftigen
- mich neben der Börse auch auf andere Hobbys konzentrieren (Geige spiele ich, seit ich sechs bin, Klavier habe ich mir selbst beigebracht – ein schöner Ausgleich zum Börsenalltag!)
- jedes Jahr aufs Neue *Des klugen Investors Handbuch* lesen

Ich danke Ihnen für das schöne und wertvolle Buch, welches Ihnen mit *Des klugen Investors Handbuch* gelungen ist!

Mit Feedback zu *Dieses Buch ist bares Geld wert* melde ich mich voraussichtlich Ende der Woche, wenn ich die Lektüre abgeschlossen habe. Bis dahin Ihnen alles Gute und eine schöne Woche! Herzlich.«

J. C. L., Glücksburg/Deutschland
Oktober 2021

»Sehr geehrter Herr Dr. Elsässer, Anfang März habe ich Ihr Buch *Des klugen Investors Handbuch* erworben und in einem Rutsch durchgelesen. Zum einen möchte ich mich bei Ihnen bedanken für die Arbeit, die Sie in dieses Buch gesteckt haben. Es hat mir sehr geholfen, meine Aktienanlagen noch einmal zu reflektieren.«

K. R.
März 2021

»Hallo Herr Elsässer, ich habe das Buch schon lange auf dem Kindle und bereits zweimal gelesen. Jedoch finde ich es so gut, dass ich es wohl in diesem Jahr das dritte Mal lesen werde. Nun, solch ein Buch gehört nicht nur ins Kindle, das gehört in den Schrank, neben Ihr anderes neues Buch.«

M. C., Horb/Deutschland
Februar 2021

»Lieber Markus, … aber ich habe mir für diesen Aufenthalt auch ein Buch gekauft, das ich schon immer mal lesen wollte: *Des klugen Investors Handbuch*. Ich wollte das Buch innerhalb der ersten Woche in Ruhe lesen. Es war jedoch so interessant, teilweise gar spannend, dass ich in zwei Tagen fertig war. Großartig schreibst du mit deiner einzigartigen Börsenerfahrung. Ich bin ja schon seit den 80er-Jahren an der Börse aktiv. Und es gab nach schönen Gewinnen auch ab und zu mal eine Niederlage. Damals war ich sicherlich in der spekulativen Phase. Heute habe ich ein Depot zur Altersversorgung aufgebaut. Wenn ich wieder zu Hause bin, werde ich das Buch noch einmal kaufen und es meinem Sohn schenken.«

S. L., Balingen/Deutschland
Januar 2021

»Sehr geehrter Herr Dr. Elsässer, ich habe Ihr Buch *Des klugen Investors Handbuch* gelesen und bin total begeistert. Danke, dass Sie Ihr Wissen und Ihre Erfahrungen niedergeschrieben haben und an andere Menschen weitergeben. Ich möchte Sie fragen, ob Sie mir Literatur zum Lesen und Verstehen von Unternehmenszahlen empfehlen können. Für Ihre Unterstützung wäre ich Ihnen sehr dankbar.«

N. D.
Januar 2021

»Lieber Herr Dr. Elsässer, ich hatte die Gelegenheit, *Des klugen Investors Handbuch* als Hörbuch zu hören. Ich möchte Ihnen dazu gratulieren! Dies ist ein wunderbar geschriebenes und in allen Belangen – aus meiner Sicht – sehr zutreffendes Buch. Ich habe es sehr genossen. Danke schön dafür.«

M. K., Korn Ferry/Deutschland
Januar 2021

»Ich habe vor einigen Tagen Ihr Buch *Des klugen Investors Handbuch* zu Ende gelesen. Was Sie da zum Thema Research schreiben, ist nach meiner Meinung ein richtiger Augenöffner.«

K. P., Oberhausen/Deutschland
Mai 2020

»Sehr geehrter Herr Elsässer, vor Kurzem habe ich Ihr Buch gekauft und dieses nun zum zweiten Male durchgelesen. Ich bin wirklich begeistert! Da man nicht nur Ihre jahrzehntelange Erfahrung spürt, sondern Sie diese anhand von Beispielen unterhaltsam herüberbringen. Am meisten begeisterte mich der Satz: ›Eine Aktie zu halten bedeutet, diese jeden Tag erneut zu kaufen.‹«

M. R., Oelde/Deutschland
Januar 2020

»Guten Tag, Herr Elsässer, ich dachte, ich muss Ihnen mal schreiben und mich für Ihre Weisheiten, die Sie veröffentlichen, bedanken. Mir gefällt Ihre Sichtweise, Herangehensweise, ja die ganze Erfahrung, die Sie mit uns teilen! Ich befasse mich schon lange mit der Kapitalanlage und bin seit 2005 an der Börse. Seitdem habe ich mich über verschiedenste Literatur weitergebildet, unzählige Bücher gelesen, jedoch habe ich selten so einen Menschen wie Sie getroffen. Danke – für Ihr gutes Buch.«

S. A., Österreich
November 2019

»Sehr geehrter Herr Dr. Elsässer, ich wollte mich auf diesem Wege bei Ihnen bedanken, denn Ihr Buch hat mir sehr gut gefallen. Zwar bin ich nun selber auch 30 Jahre an der Börse aktiv, jedoch haben Sie Punkte angesprochen, die man selber sonst leicht wieder aus den Augen verliert. Ich werde Ihr Buch daher bei unserem monatlichen Börsenstammtisch in Düsseldorf unseren Teilnehmern ans Herz legen.«

U. J., Düsseldorf/Deutschland
Oktober 2019

»Hallo Herr Elsässer, die Weisheiten in Ihrem Buch sind so wahr. Ihr Buch nehme ich immer wieder zur Hand. Viele Grüße.«

F. G., Frankfurt
Mai 2019

»Lieber Herr Dr. Elsässer, ich wollte Ihnen nur ein kurzes Feedback zu Ihrem Buch geben: ein klasse Werk, ohne Schnörkel, die Dinge auf den Punkt gebracht, klasse zu lesen. Ich finde es super! Eines der besten Bücher in diesem Themenumfeld. Gratulation!«

D. K., Neulußheim/Deutschland
März 2019

»Sehr geehrter Herr Dr. Elsässer, ich habe Ihr Buch *Des klugen Investors Handbuch* gelesen. Sie haben mir viele hilfreiche Tipps gegeben, für die ich mich sehr bei Ihnen bedanke. Beispielsweise Ihr Hinweis auf den Brandversicherungswert, den die Schweizer Unternehmen (Aktiengesellschaften) in ihren Geschäftsberichten angeben müssen.«

J. B., Viersen/Deutschland
Januar 2019

»Sehr geehrter Herr Elsässer, ich bin seit 20 Jahren mit voller Begeisterung am Thema Börse interessiert. Ich habe schon viele Höhen und Tiefen erlebt. Auch habe ich sehr viele Bücher zum Thema Finanzen und Aktien gelesen. Ihr Buch *Des klugen Investors Handbuch* halte ich für eines der besten. Ich habe es, wie von Ihnen empfohlen, bereits mehrfach gelesen.«

T. Z., Petersberg/Deutschland
September 2018

»Sehr geehrter Herr Dr. Markus Elsässer, mit Begeisterung habe ich Ihr Buch *Des klugen Investors Handbuch* gelesen. Es hat mich in jedem Fall bereichert und ich konnte einiges mitnehmen.«

L. V., Deutschland
März 2018

»Sehr geehrter Herr Dr. Elsässer, vielen Dank für Ihr Buch *Des klugen Investors Handbuch*. Die Investition in Ihr Buch war wohl meine beste Investition in den letzten Jahren. Ich denke, wenn man nur einen Teil davon umsetzt, dann kann man im Verhältnis zum Buchpreis von einer nicht zu schlagenden Rendite sprechen. Es gehört zur Basislektüre für alle Menschen, die sich eigenverantwortlich um ihre Finanzen kümmern. Vielen Dank dafür.«

K. M., Mannheim/Deutschland
September 2017

»Ich bin durch Ihr Buch *Des klugen Investors Handbuch* auf Sie aufmerksam geworden. Ich habe es in der Buchhandlung Orell Füssli in Zürich gekauft und es abends in einem Rutsch durchgelesen – und war wirklich hocherfreut und regelrecht begeistert. Ich habe viele Bücher über die Börse gelesen, dieses gehört nun für mich zu den besten Büchern. Nachher werde ich das Buch ein zweites Mal lesen (der Hinweis am Ende gefiel mir ebenfalls sehr gut). Haben Sie vielen Dank!«

C. S., Zürich/Schweiz
Mai 2017

»Lieber Herr Dr. Elsässer, ich habe gerade Ihr Buch *Des klugen Investors Handbuch* gelesen und mir in einem Jahr einen Reminder in den Kalender eingetragen. Ihr Buch ist eines der besten, das ich in meinem Leben gelesen habe, und mein Bücherregal ist nicht klein! Alles Gute für Sie und Gratulation zu solch einem Buch!«

F. L., Frankfurt/Deutschland
Februar 2017

»Lieber Markus, vielen Dank für die ›Bettlektüre‹ *Des klugen Investors Handbuch*. Ich habe sie mit Vergnügen von vorn bis hinten gelesen und bin recht beeindruckt, ja begeistert. Da ich jahrzehntelang Hunderte von juristischen und betriebswirtschaftlichen Sachbüchern durchackern musste, kann ich vergleichen: Dein Buch ist, wie man in der Verlagsbranche sagt, ein ›Treffer‹. Und zu allem Überfluss auch noch gut geschrieben. Mir fiel früher schon auf, dass Fachleute nur selten imstande sind, das, was sie wissen, in ordentlichem, verständlichem und gut lesbarem Deutsch zu Papier zu bringen und darüber hinaus mit überzeugenden praktischen Empfehlungen zu verbinden! Ich muss dir ein Kompliment machen: Deine Kapitel lesen sich wie ein spannender Roman, kurzweilig und mitunter sogar amüsant. So mancher deiner Fachkollegen in den einschlägigen Redaktionen kann sich da was abgucken.«

H. F., München/Deutschland
Januar 2017

Dieses Buch ist bares Geld wert

Markus Elsässer

Mit *Des klugen Investors Handbuch* ist Dr. Markus Elsässer e Bestseller gelungen, mit *Dieses Buch ist bares Geld wert* zeigt dass es die vielen kleinen Tricks und Kniffe sind, die er sich im Lau seines Lebens erst selbst aneignen musste, die den Unterschi ausmachen. Dass man das Thema Beruf dreimal im Leben auf c Tagesordnung setzen sollte, wie man am besten Nein sagt ur warum man Humor besser mit einem kleinen »h« schreibt, verr er amüsant und kurzweilig.

208 Seiten | Hardcover | 18,00 € (D) | ISBN 978-3-95972-325-1

Zuschriften zum Buch *Dieses Buch ist bares Geld wert*

»Lieber Dr. Elsässer, letzte Woche las ich Ihr Buch *Dieses Buch ist bares Geld wert* und möchte Sie zu diesem gelungenen Werk herzlich beglückwünschen. Es liest sich kurzweilig und bietet Informationen in Fülle, ohne dabei ausschweifend zu werden. Trotz der jungen Jahre konnte ich bereits einige Dinge, die Sie in Ihrem Buch beschreiben, aus eigener Erfahrung nachvollziehen. Einiges anderes hat mich wundervoll zum Nachdenken angeregt. Man spürt Ihre inspirierende Erfahrung in jedem Satz.«

A. B., Ballenstedt/Deutschland
Juli 2022

»Guten Tag, Herr Elsässer, ich habe Ihr Buch bestellt und vollständig durchgelesen. Ihr Buch enthält sehr gute Ratschläge und gibt einem einen guten und realistischen Blickwinkel aufs Leben und hat mir noch mal wichtige Blinkwinkel und Ansichten vor Augen geführt. Ich danke ihnen dafür. Ich habe mir dort wichtige Lehren markiert und rausgeschrieben, die für mich momentan im Leben wichtig sind, und werde mir Ihr Buch noch mal zu späteren Lebensabschnitten durchlesen.«

N. D., Deutschland
Juni 2022

»Guten Morgen, Herr Elsässer, ich möchte Sie an Ihrem Geburtstag nicht lange stören, jedoch wollte ich Ihnen ein Feedback zu Ihrem Buch *Dieses Buch ist bares Geld wert* geben. Es hat mir wirklich sehr gefallen und hat sehr viele gute Anreize und Gedankengänge, die mir in meinem Leben noch sehr nützlich sein werden. Vielen Dank, dass Sie Ihre Erfahrungen und Meinungen der Welt zur Verfügung stellen. Dies hilft mir/und vielen anderen ›unabhängigen Denkern‹, die Gleise richtig zu stellen. Zudem habe ich meiner Mutter Ihr erstes Buch empfohlen, da sie eine leichte Lektüre möchte, die ihr die Türe in die Finanzwelt öffnet.«

J. H., Deutschland
April 2022

»Sehr geehrter Herr Elsässer, ich war erkrankt, sah die Sachlage positiv und nutzte die Zeit mit Lesen, um mich mal wieder eingehender mit der Börse zu beschäftigen. Nach nochmaligem Lesen Ihres ersten Buches *Des klugen Investors Handbuch*, das ich ebenfalls ein wunderbares Werk finde, aus welchem ich auch nach dem vierten Durchlesen immer noch neue Erkenntnisse gezogen habe, bestellte ich mir kurzerhand auch Ihr neuestes Werk *Dieses Buch ist bares Geld wert*. Dank Schnelllieferservice war dies zwei Tage später auch schon bei mir. Und was soll ich sagen: Das Buch kam gestern an und Stand heute habe ich es fertig gelesen. Es liest sich so flüssig und schnell, es ist eine wahre Freude gewesen. So viele Beispiele aus dem wahren Leben, bei denen man sich denkt: »Ist doch ganz logisch«, und man dennoch nie auf die Idee gekommen ist, dies in seinem Alltag auch umzusetzen. Besten Dank für das Schreiben. Ich werde Ihr Buch direkt noch einmal lesen, weil ich so viel Freude daran hatte. Einige Dinge habe ich mir auch fix auf die Agenda genommen zur Umsetzung. Ich verbleibe mit freundlichem Gruß aus Baden-Baden.«

M. B., Baden-Baden/Deutschland
März 2022

»Lieber Dr. Elsässer, Sie haben in Ihrem zweiten Buch das erste noch übertroffen. Ihre Lebensweisheiten sind mehr wert als ›bares Geld‹, ich nenne so etwas ›Schmetterlingsgold‹. Ich beglückwünsche Sie dazu. Manches weiß man doch bereits, das Leben macht einen aber müde und dann muss ein ›Onkel Elsässer‹ noch einmal daran erinnern, worauf man achten muss und dass man doch nicht ganz allein ist. Sie sind ein Mensch, der das Leben verstanden hat.«

Ö. G., Bochum
März 2022

»Sehr geehrter Herr Elsässer, ich will mich auf diesem Weg für Ihr sehr gelungenes Buch *Dieses Buch ist bares Geld wert* bedanken. Ich darf Ihnen ganz ehrlich sagen, Sie haben mir durch dieses Buch enorm dabei geholfen, durch eine sehr schwierige Zeit zu kommen. Durch die unterschiedlichen Themen, Thesen und Tipps haben Sie mich auf eine lehrreiche Art und Weise auf andere Gedanken gebracht. Mit Notizblock und Stift bewaffnet, um akribisch alles notieren zu können, was mich persönlich weiterbringen kann, musste ich mich jeden Tag zwingen, nur einen Abschnitt zu lesen, um mehrere Tage etwas davon haben zu können. Durch eine eloquente und evidente Art und Weise haben Sie es geschafft, auf oft sehr trocken und trist behandelte Themata angenehm lesbar einzugehen. Neben einem Clantreffen steht *Des klugen Investors Handbuch* bereits auf meiner Agenda und wird, sobald ich wieder in Deutschland bin, in Angriff genommen.«

D. H., Deutschland
Januar 2022

»Nun habe ich Ihr Buch beendet und bin begeistert – ich könnte ewig weiterhören und weiterlernen! Einfach beeindruckend! Ich gratuliere Ihnen für dieses tolle Werk. Ich wünschte, ich hätte es schon viel früher in meine Hände bekommen, aber das Gute jetzt ist, dass ich sehr offen bin, Neues zu lernen, und vor allem die Freude und Begeisterung darin wieder entdeckt habe, die mir während der Schul- und Studienzeit verloren ging. Also kam es vielleicht genau zum stimmigen Zeitpunkt zu mir. Ich möchte ganz ehrlich sein, ich finde Ihr Buch um einiges REICHER und nützlicher und inspirierender als ein trockenes Studium und würde es jedem jungen Menschen empfehlen. Es basiert auf Leben, Lebendigkeit und echten Erfahrungen. Ich mag Ihre Art, wie Sie beobachten und beschreiben, sehr.

Bei dem Kapitel über die Wichtigkeit des Lächelns musste ich schmunzeln: Schon sehr oft bekam ich zu hören, dass Menschen Angst vor mir hatten, weil ich so ernst schauen kann. Es verschloss mir sicherlich die eine oder andere Türe. Trotzdem ist ein Lächeln viel besser und ich übe mich nun täglich darin. Es ist erstaunlich, wie oft ich mich daran erinnern muss, wenn ich mich schon wieder mit dem ernsten Blick ertappe. Aber es ist einfach ein tolles Gefühl, seine Sachen selbst in die Hand zu nehmen und zu verändern, zu verbessern, zu erforschen und all die Werkzeuge zu nutzen, die in einem sind. Sie haben mir nun ein weiteres, sehr wertvolles Werkzeug an die Hand gegeben: Ihr Buch (im Moment noch als Hörbuch, aber ich möchte es auch als gebundenes Buch).

Ich höre es jetzt zum zweiten Mal und höre noch genauer hin. Ich werde damit arbeiten, es studieren und als meinen Wegbegleiter nehmen. Bei vielen Kapiteln kamen mir Fragen, Impulse und Ideen. Ich bin gespannt, was sich daraus entwickelt, und halte Sie gerne auf dem Laufenden.

Von Herzen danke ich Ihnen, lieber Markus Elsässer.«

M. L., Rio de Janeiro/Brasilien
Januar 2022

»Sehr geehrter Herr Dr. Elsässer, ich habe soeben Ihr Buch *Dieses Buch ist bares Geld wert beendet* und direkt Ihr anderes Buch bestellt. Analog zu Ihrem YouTube-Channel eine wahre Bereicherung! Ich kann Sie nur dazu ermutigen, genauso weiterzumachen, und hoffe sehnlichst auf weitere Bücher.«

S. H., Stuttgart
Januar 2022

»Guten Tag, Herr Elsässer, es ist mir ein dringendes Bedürfnis, mich bei Ihnen von ganzem Herzen zu bedanken. Ihr zweites Buch habe ich auch schon gelesen, eher verschlungen, und werde es mir mindestens ein zweites Mal einverleiben. Also kurz: Alles, was Sie sagen, kann man für alle Lebenslagen und Situationen verwenden. Alles ist Inspiration oder Bestätigung oder Zuspruch. Menschen Ihres Formats mehr, das würde ich mir wünschen!«

S. G., Kreuznach/Deutschland
Januar 2022

»Lieber Herr Dr. Elsässer, nachdem seit meiner letzten Mail einige Zeit vergangen ist, melde ich mich nun mit einem Feedback zu Ihrem zweiten Buch *Dieses Buch ist bares Geld wert*. Es bietet einen wunderbaren Einblick in Ihre langjährige gelebte Berufs- und Lebenserfahrung. Besonders gut gefällt mir, dass hier neben der Investmentwelt noch viele andere Bereiche des Lebens abgedeckt werden, so z. B. von der beruflichen Orientierung und dem Finden eines Mentors über die Ausbildung und praktische Tricks und Kniffe aus der Berufswelt bis hin zu eher privaten sowie auch ganz allgemein wichtigen lebenspraktischen Themen wie dem Pflegen von Freundschaften und dem Umgang mit der Eitelkeit oder den Befindlichkeiten anderer Menschen. Kurzum: Es ist eigentlich aus jedem Bereich des Lebens ein hilfreicher Ratschlag dabei, der einen zum Nachdenken anregen und aufhorchen lassen kann. Und sicherlich, aber das werde ich mit zunehmender Berufs- und Lebenserfahrung besser beurteilen können, sind auch äußerst wichtige Hinweise auf teils fiese Fallstricke enthalten, die einem einiges an Ungemach ersparen können.

Somit kann ich sagen, dass *Dieses Buch ist bares Geld wert* mir sehr gut gefallen hat. Auch dieses Werk werde ich sicherlich noch einige weitere Male lesen, und ich habe das sichere Gefühl, dass mir jedes Mal neue Punkte auffallen werden, die zu meiner dann aktuellen Lebenssituation passen und hilfreich sind. Von daher danke ich Ihnen ganz herzlich für dieses wirklich lesenswerte und gut geschriebene Buch.«

J. C. L., Norddeutschland
Dezember 2021

»Guten Abend, Herr Dr. Elsässer, im vergangenen Jahr habe ich mich über die Lektüre Ihres Buches *Dieses Buch ist bares Geld wert* sehr gefreut. Auch wenn ich keine Rezension verfasst habe, habe ich Ihnen doch eine 5-Sterne-Bewertung bei Amazon hinterlassen, wie zuvor schon für *Des klugen Investors Handbuch*. Als Börsianer fand ich Ihr erstveröffentlichtes Buch persönlich zwar noch ein Stück packender. Aber Ihre allgemein gehaltenen Ratschläge betreffend Erfolg und Lebensführung im zweiten Buch sind ebenso eine Bereicherung, welche ich mir zwischenzeitlich noch einmal gesprochen anhören durfte. Bei all den Corona-Herausforderungen seit Anfang letzten Jahres ist es, denke ich, hilfreich, wenn man sich auch einmal Zeit zum Innehalten und Fokussieren nimmt, und dabei leistet Ihr jüngstes Buch einen wertvollen Beitrag.«

R. W., Ottobrunn/Deutschland
Dezember 2021

»Hallo, Herr Elsässer, *Dieses Buch ist bares Geld wert* hat mir besonders gut gefallen, war für mich besser anwendbar bezüglich Familie, Arbeitsacker und, was Sie auch bei Ihren Beiträgen öfters erwähnen, dass man vor allem anfangen muss und seinen Lebensstandard nicht kostspielig in die Höhe schrauben sollte (ist für mich ein elementarer Hinweis). Die Anekdoten gefallen mir persönlich immer am besten. »Good job, Carter«, das ist einfach und regt zum Nachdenken der eigenen Einstellung an, mir würde auch ein Buch gut gefallen, in dem Sie nur Gespräche und Situationen wiedergeben.«

J. K., Rammingen/Deutschland
Dezember 2021

»Sehr geehrter Herr Dr. Elsässer, Sie baten mich, Ihr neuestes Buch zu lesen, und ich sollte Ihnen gerne eine Rückmeldung dazu geben. Ich bin nun endlich dazu gekommen, das Buch in die Hand zu nehmen. Als ich den Titel las, hatte ich schon ein gewisses Bild im Kopf, dass dieses Buch vor allem von Investmentstrategien und den Märkten handelt. Da war es ein kleiner Dämpfer für mich, weil ich mit ganz anderer Erwartung zu lesen begonnen hatte. Auch der Teil, in dem es um Geld geht, mit der 10-Prozent-Regel, hätte meiner Ansicht nach gerne noch ein bisschen ausführlicher sein können. Denn diese ist zwar sicher eine gute Regel. Aber ich denke, wenn sich jemand ein bisschen Gedanken um das Sparen macht, liegt es ziemlich nahe, auf eine solche Weise vorzugehen.

Andererseits fand ich es dann doch erfrischend, gute, alltägliche Tipps für den Umgang mit seinen Mitmenschen zu bekommen. Den Aspekt der Gesundheit und des Biorhythmus fand ich sehr einleuchtend. Außerdem mag ich es, wenn ich in einem »Ratgeberbuch« auch Beispiele aus dem echten Leben lesen kann, da diese mir das Ganze viel realistischer und nicht so abstrakt vermitteln.

Man liest das Buch sehr locker und angenehm und es war mir immer eine Freude, die nächste Seite aufzuschlagen. Ich hatte nur manchmal das Gefühl, dass Sie dem Leser so viel wichtiges Wissen mit auf den Weg geben wollten, dass vielleicht manche Kapitel ein wenig zu kurz gekommen sind, was den Tiefgang anbelangt. Da hätte ich gerne mehr darüber gelesen.

Da ich von Grund auf sehr interessiert an der Finanzwelt und den Mechaniken des Investments bin und Sie in Ihrem Buch mir Ihr anderes Werk *Des Klugen Investors Handbuch* sehr schmackhaft gemacht haben, werde ich mir dieses auch noch zulegen und bin schon jetzt sehr gespannt darauf.

Ich wünsche Ihnen nur das Beste und freue mich, bald wieder von Ihnen zu hören. Mit freundlichen Grüßen.«

J. B.
Dezember 2021

»Sehr geehrter Herr Dr. Elsässer, ich habe mir das Buch besorgt, das bares Geld wert ist. Ich musste viel schmunzeln, mit dem Kopf nicken und mich auch teilweise über mich selbst ärgern. Ärgern, weil ich vieles nicht selbst gecheckt habe bzw. leider vorher von keinem gesagt bekommen habe und ich erst über 50 Jahre alt werden musste, um es zu lernen. Aber gut, es ist, wie es ist. Es ist ein gelungenes Buch und gab mir sehr viele Denkanstöße und Anregungen, über bestimmte Dinge nachzudenken oder auch nur mal anders zu sehen.«

A. K., Erding/Deutschland
November 2021

»Das einzige Buch, das ich in meinem ganzen Leben zweimal gelesen habe.«

M. V., Regensburg/Deutschland
Oktober 2021

»Guten Morgen, Herr Elsässer, ich habe nun Ihr zweites Buch gelesen und bin wie beim ersten Buch begeistert. Ich hatte ihnen ja vor einiger Zeit geschrieben, dass Sie einer der Menschen sind, zu denen ich aufsehe, den ich mir als Mentor wünschte. Lustigerweise wusste ich damals nichts davon, dass Sie ein zweites Buch geschrieben haben, in dem genau die Punkte angesprochen werden, die mich beschäftigen. Natürlich ist das eine oder andere Thema etwas kurz gehalten, aber man bekommt einen Anhaltspunkt dafür, was Sie meinen.«

J. L., Deutschland
November 2021

»Dieses Buch ist bares Geld wert – mehr noch: kostbarer als Geld.

Hiermit drücke ich meinen Dank aus, Herr Dr. Elsässer, und verbleibe mit besten Grüßen.«

J. R., Alpen, Niederrhein/Deutschland
November 2021

»Sehr geehrter Herr Dr. Elsässer, grundsätzlich halte ich es für einen sehr guten Leitfaden, insbesondere für junge Menschen, die sich auf ihren beruflichen als auch ›wirtschaftlichen‹ Lebensweg machen, beispielsweise Studenten mit einer entsprechenden Lebensvorstellung. Für mich (61) lese ich einige gute Hinweise und Ratschläge, auch zur Auffrischung, jedoch ist mein Lebensweg bereits so weit gediehen, dass mich der Inhalt weniger anspricht. Das soll aber keine Kritik an der Qualität dieses Werks sein! Ich werde daher diese wertvolle Lektüre gerne an meinen Neffen (20) weitergeben, der gerade sein Studium begonnen hat. Er hat in seiner Studienwahl sein wirtschaftliches Interesse bereits angedeutet.«

N. A., Deutschland
Oktober 2021

»Guten Tag, Herr Dr. Markus Elsässer, Ihr Buch *Dieses Buch ist bares Geld wert* habe ich bereits gelesen, ich muss wirklich sagen: sehr verständlich und ausführlich geschrieben. Als Nächstes lese ich *Des klugen Investors Handbuch*. LG und bleiben Sie gesund.«

J. N., Dormagen/Deutschland
Oktober 2021

»Sehr geehrter Herr Elsässer, mittlerweile habe ich Ihr Buch – *Dieses Buch ist bares Geld wert* – gelesen. Einfach gut, interessant und nützlich in der Umsetzung geschrieben. Das Buch *Des klugen Investors Handbuch* werde ich ebenfalls lesen. Herzlichst.«

A. K., Landau
Oktober 2021

»Sehr geehrter Hr. Elsässer, Ihr Buch war für mich sehr lehrreich. Ich bin seit dem Jahr 2000 ein erfolgreicher Einzelunternehmer und ich werde Ihre Ratschläge in Zukunft anwenden.«

G. J., Absam/Tirol – Österreich
September 2021

»Sehr geehrter Herr Dr. Elsässer, entgegen meiner Gepflogenheiten tue ich hiermit etwas, was ich normalerweise nicht mache: Ich schreibe Ihnen eine Fanpost, nebenbei gebe ich noch den einen oder anderen persönlichen Gedanken/Aspekt preis.

Auch ich gehöre zu den zahlreichen Lesern, denen die Lektüre Ihres Ratgebers *Dieses Buch ist bares Geld wert* größtes Vergnügen bereitet hat. Allein die meisten Ihrer Empfehlungen und Ratschläge für ein erfolgreiches (Berufs-)Leben erreichen mich schlicht zu spät, mittlerweile bin ich fast 58 Jahre alt.

Die gute Nachricht aber ist: Retroperspektiv kann ich die allermeisten Ihrer Erfahrungen aus eigener Anschauung mehr als nur unterstreichen (im wörtlichen als auch übertragenen Sinne). Meine Lebens- und Berufserfahrungen durfte ich zwar »nur« auf der mittleren Managementebene eines global agierenden Unternehmens machen. Durch meine beruflichen und privaten Auslandsreisen habe ich viele Teile der Welt und deren Menschen kennenlernen dürfen, ich möchte keine einzige Erfahrung missen. Viele Ihrer beruflichen Empfehlungen spiegeln sich in meinen eigenen Handlungsweisen genau so oder so ähnlich wider, wie Sie diese beschreiben. Leider hatte ich keinen 10-Punkte-Erfolgskompass zur Hand, allerdings habe ich ihn, ob nun intuitiv oder zufällig, gewissermaßen gelebt.

Allerdings bin ich weder Millionär noch entspringe ich den Gesellschaftskreisen, in welche Sie hineingeboren wurden. Nein, ich bin ein Scheidungskind einer alleinerziehenden Mutter. Mutter und Großmutter (Kriegswitwe) verdienten sich als Putzfrau ihr Geld (wahrscheinlich ist das auch der Grund, warum ich einer Putzfrau mit der gleichen Freundlichkeit begegne wie einem CEO). Ich komme also aus einem sozialen Milieu, in das sich ein hoher Prozentsatz der Menschen, sozusagen systemimmanent, schicksalhaft und lebenslang ergibt.

Mit dieser Gegenüberstellung möchte ich aufzeigen, dass sich in unserem System für alle leistungsfähigen und leistungswilligen Talente offene Türen finden lassen. Sozialer Aufstieg und Erfolg sind möglich. Der Inhalt Ihres Buches zeigt diese Möglichkeiten in allerbester Weise auf und ist meines Erachtens sogar Mutmacher für Menschen, die sich nicht zwingend zu Ihrer Zielgruppe zählen.

Was ich mir allerdings in jungen Jahren gewünscht hätte, wäre, den von Ihnen angesprochenen Mentor gehabt zu haben. Die Wichtigkeit dieser Erkenntnis kann meines Erachtens gar nicht genug betont werden. Daher ist es mein fester Entschluss, meinen (lesefaulen) Nachwuchs mit der Hörbuchversion Ihrer Erkenntnisse nicht zu verschonen und ihn mit der Schule des Lebens und dessen Möglichkeiten vertraut zu machen (wobei wir alle, dies sei betont, weiter selbst in und durch die Schule des Lebens gehen).

Ich möchte mich bei Ihnen bedanken, denn spätestens die Lektüre Ihres Buches hat mir die Wichtigkeit der Themen nochmals bewusst vor Augen geführt und mich in meinem Tun und Handeln bestätigt.

In diesem Sinne wünsche ich Ihnen noch viel Spaß und Erfolg bei Ihrem Wirken!

PS: Amüsanterweise begann ich mit der Lektüre Ihres Buches in Essen-Werden, am Ufer des Baldeneysees (siehe Seite 20) sitzend. Bei Ihrer Beschreibung von Politikern musste ich, sehr zur Verwunderung vorbeigehender Passanten, herzhaft lauthals lachen. Vielleicht sollte mir das Lachen besser im Halse stecken bleiben (halte ich doch die von Ihnen verwendeten Attribute in vielen Fällen für wenig schmeichelhaft, dafür aber umso zutreffender).«

M. G., Eppelsheim/Deutschland
19. September 2021

»Sehr geehrter Herr Elsässer, ich habe die letzten Tage am Strand genutzt, um Ihr zweites Buch zu lesen, und kann Folgendes dazu sagen: Das Lesen hat mir sehr viel Freude bereitet. Das Buch ist sehr kurzweilig und durch die vielen Belege anhand von realen Geschichten sehr interessant und anschaulich. Persönlich hat mich natürlich besonders das Kapitel ›Ihr Beruf: der Dreh- und Angelpunkt‹ angesprochen. Das Kapitel hat mir jedoch sehr viele neue Inspirationen und Anregungen gegeben. Sie haben dem ganzen Thema eine Struktur verpasst und mir viel Klarheit verschafft. Dafür danke ich Ihnen.

Das und die vielen kleineren Hinweise und Tipps machen das Buch zu einem echten Ratgeber fürs Leben, den ich mit Freude immer wieder lesen werde.

Kurz gesagt: Das Buch ist wirklich bares Geld wert, weil mir viele Fehler durch Ihre Erfahrung erspart bleiben werden. Meiner Meinung nach sollte es sogar eine Pflichtlektüre für Jugendliche sein.«

J. S., Deutschland
Juli 2021

»Guten Tag, Herr Elsässer, mittlerweile habe ich eines Ihrer Bücher gelesen. Ich habe mit *Dieses Buch ist bares Geld wert* begonnen. Es ist sehr spannend und, wie Ihre YouTube-Videos, leicht verständlich. Das schätze ich sehr, da man die Ratschläge schnell und einfach in sein Leben integrieren kann. Dieses Buch habe ich auch meinem Neffen empfohlen, der wird jetzt 12 und ich finde, es wäre ein super »Startbuch« für seine berufliche und finanzielle Laufbahn nach der Schule! Ich habe mir mit Textmarker und Post-its die für mich wichtigsten Stellen markiert (das waren viele). In ein paar Monaten werde ich das Buch nochmals lesen, um zu sehen, was ich umgesetzt habe. Für mich ist es auch ein guter Ratgeber, wenn man einmal in eine schwierige Situation kommt; dann kann man sich ein Kapitel raussuchen und nochmals lesen, um sich gewisse Entscheidungen zu erleichtern. Ein Buch für alle Fälle, das eigentlich in den Schulen gelesen und gelehrt werden sollte. Das würde der Allgemeinheit guttun.«

H. G. R., Österreich
Juli 2021

»Lieber Herr Dr. Elsässer, erfreulicherweise hat mir meine Lebenspartnerin anlässlich meines Geburtstages Ihr zweites Buch (*Dieses Buch ist bares Geld wert*) geschenkt. Nun möchte ich Ihnen wie versprochen ein kurzes Feedback geben.

Das Buch ist wie schon *Des klugen Investors Handbuch* in einem sehr angenehmen und persönlichen Stil geschrieben. Es fiel mir fast schon schwer, es überhaupt aus der Hand zu legen. Der Abschnitt ›Ausbildung – mit viel Bedacht auswählen‹ hat mir besonders gut gefallen. Das Kapitel ›Tipps für den Arbeitsalltag‹ hat mir ebenfalls sehr wichtige Anregungen zur besseren Arbeit an meiner Promotion geben können. Den langen Weg in viele kleine Etappen (›Nur eine Kiste am Tag‹) einzuteilen, hilft mir, mit mehr Zufriedenheit abends den PC herunterzufahren und mich anderen Dingen zu widmen. Zudem habe ich meine Arbeitsfolge geändert, ich fange nun auch mit einer angenehmen Tätigkeit an und nicht mehr direkt mit dem ›dicken Brocken‹. Man fühlt sich tatsächlich wohler und auch der ›harte Brocken‹ geht leichter von der Hand. Jetzt ist es für mich selbstverständlich: Im Sportstudio wärmt man sich ja auch zuerst auf und geht anschließend ans ›schwere Gewicht‹, wieso also nicht im Arbeitsalltag auch ...

Mein persönliches Highlight in Ihrem Buch sind ganz am Ende die Immobilien. Ich habe mich immer gewundert, wieso auf

YouTube das Leben zur Miete so gepredigt wird; wie Sie schreiben, ist es eine Abhängigkeit – in diesem Falle von dem Vermieter – und kein Schritt in Richtung Freiheit.

Mit dem Buch ist Ihnen wirklich ein super Ratgeber gelungen. Ich denke ebenfalls, dass, wie schon bei *Des klugen Investors Handbuch*, es kein vergleichbares Buch gibt und Sie mit *Dieses Buch ist bares Geld wert* die Welt der Sachbücher bereichert haben.

Vielen Dank für die Arbeit und Mühe, die Sie für die Erstellung dieses Werkes aufgebracht haben. Liebe Grüße und beste Gesundheit.«

S. S.
Juni 2021

»Guten Abend, Herr Elsässer, nach Ihrem ersten Buch über das Investieren habe ich nun Ihr zweites Buch über Themen der allgemeinen Lebensführung gelesen. Wie erwartet liest es sich sehr flott und ist mit vielen überraschenden Anregungen gespickt. Insbesondere die vielen kleinen Begebenheiten und Erfahrungen aus Ihrem Leben habe ich regelrecht verschlungen. Gerne mehr davon.«

D. K., Deutschland
Juli 2021

»Das Buch, das Sie mir empfohlen haben, ist wirklich klasse. Ich lese davon täglich ein bis zwei Kapitel. Aufgefallen ist mir immer ein gleiches Muster: eine gute Idee, ein Ziel, realistische Einschätzungen, Mut, etwas zu wagen, Durchhaltevermögen, ein fester Glaube an sich selbst und vor allem sich nicht von seiner Umgebung negativ beeinflussen zu lassen. Daraus entsteht dann Erfolg. Ach so, ja, eine ordentliche Ladung Selbstdisziplin gehört wohl auch dazu. In diesem Sinne: Vielen Dank.«

M.
Juni 2021

»Sehr geehrter Herr Dr. Elsässer, mit Vergnügen lese ich Ihr Buch *Dieses Buch ist bares Geld wert*. Ich werde das Buch nicht nur einmal, sondern mehrmals lesen. Es ist eine Anleitung für das Leben und das Handeln. Ich lerne viel daraus. Vielen Dank!«

J. L., Wien/Österreich
Juni 2021

»Ihr Buch habe ich gestern umgehend nach dem Spaziergang über Kindle bezogen und gestern Abend und heute früh regelrecht aufgesaugt. Die Erkenntnis bisher: Ich habe in der Vergangenheit vieles falsch, aber auch einiges richtig gemacht. Mein größter Fehler war, mich immer wieder vom Leben treiben zu lassen. Und jetzt mit 34 will man alles nachholen. Am besten alles innerhalb kürzester Zeit erreichen. Und in Wirklichkeit hängt man in der Luft und hat völlig den Fokus verloren. Jetzt gilt es, gemeinsam mit meiner Freundin ehrlich zu sich selbst zu sein und eine Grundsatzentscheidung zu treffen.«

S. W., Berlin/Deutschland
Mai 2021

»Guten Abend, Herr Dr. Markus Elsässer, vor einigen Minuten habe ich Ihre Lektüre *Dieses Buch ist bares Geld wert* mit Herzen gelesen und ich wollte mich recht herzlich für Ihre Mühe bedanken. Ich bin begeistert von Ihrer Lektüre. Die Anregung geht an Sie, da es mich berührt hatte, wie Sie den Leuten danken, die Sie dahin gebracht haben, wo Sie jetzt stehen. Mir geht es genauso bei dem Autor Napoleon Hill. Nochmals ein großes Dankeschön an Sie, ich werde Ihre Ratschläge und Ihr Wissen weitergeben und empfehlen. Mit freundlichen Grüßen.«

P. K.
Mai 2021

»Lieber Herr Dr. Elsässer, Ihr Buch gefällt mir sehr und bringt viele neue Ideen. Ich danke Ihnen. Jetzt habe ich auch ein Ostergeschenk für meinen Sohn. Ich habe es gleich bestellt.«

J. B., Graz/Österreich
März 2021

»Sehr geehrter Herr Dr. Elsässer, mit Freude habe ich auch Ihr Buch *Dieses Buch ist bares Geld wert* gelesen. Ich war selber 40 Jahre lang in einem Konzern (Energieversorger) vertrieblich tätig. Ihren Aussagen zur Karriereplanung und Erfolg im Beruf kann ich zu 95 Prozent zustimmen. Oft haben Sie mir aus dem Herzen gesprochen. Dieses Buch sollten bereits junge Leute lesen, die am Anfang ihres Berufslebens stehen. Ich kann es nur empfehlen. Mit freundlichen Grüßen.«

R. H.
März 2021

»Sehr geehrter Herr Elsässer, es ist mir ein Anliegen Ihnen mitzuteilen, dass mir Ihr letztes Buch wirklich gut gefallen hat. Es hat mir viele Dinge, die mir z. T. eigentlich bewusst sind, noch einmal schön vor Augen geführt, und den Rat, das Buch auf Wiedervorlage zu legen, hatte ich mir bereits selbst erteilt, noch bevor ich im Buch an die entsprechende Stelle kam.«

D. S.
März 2021

»Lieber Markus, endlich habe ich es geschafft, dein aktuelles Buch zu lesen (zumindest anzufangen, es fehlt nicht mehr viel). Die Ratschläge in Verbindung mit den von dir erlebten Geschichten und Ereignissen sind nicht nur lehrreich, sondern auch sehr amüsant! Danke nochmals für diese Ausgabe.«

J. K.
März 2021

»Hallo Markus. So, ich habe dein Buch gelesen … spreche aus Lob und Anerkennung, es lässt sich wunderbar lesen. Die Beispiele sind anschaulich und treffend. Sicherlich für jedermann verständlich. Das Bild mit der Nussschale auf dem Ozean – herrlich! Ich stelle mir jetzt immer noch die Eltern dazu vor, die der Nussschale einen kleinen Stups geben und dann entspannt winken, in dem Glauben, dass man aus der Verantwortung ist! (Das Cover erinnert mich irgendwie an *Bares für Rares*! Bin aber kein Vermarktungsexperte.) Nun sind wir auch so auf deinen YouTube-

Channel gestoßen. Ich konnte mir nicht verwehren, die Bemerkungen durchzulesen. Nun, da muss ich doch sagen: Chapeau – Karriereziel erreicht, wenn man zum Guru gekürt wird! Höher geht's doch nicht!«

Innenarchitektin, B. J.
Januar 2021

»Sehr geehrter Herr Dr. Elsässer, ich habe Ihr zweites Buch angefangen und bin wie schon beim letzten Titel sehr vom Inhalt und Schreibstil angetan. Sie schaffen es, die kompliziertesten Vorgänge auf eine einfache und verständliche Weise dem Leser immer mit einer gewissen Portion Humor verbunden zu vermitteln. Insgesamt nehme ich Sie – auch auf YouTube – als Gentleman und als eine Persönlichkeit wahr, die man sich zum Vorbild nehmen soll. Ich danke Ihnen, dass Sie sich wöchentlich auf YouTube die Mühe machen, uns aus Ihrem großen Erfahrungsschatz etwas auf unsere Reise als Investor mitzugeben. Ich hoffe, dass ich Sie irgendwann mal live erleben darf. Mit besten Grüßen.«

M. H.
Januar 2021

»*Dieses Buch ist bares Geld wert* liest sich praxisnahm wie auch unterhaltsam und ermöglicht wohl jedem Leser neue Einsichten in eine Vielzahl menschlicher Facetten, die in ihrer Gesamtheit über unser Lebensglück entscheiden.«

B. L., Smart Investor
Dezember 2020

»Und so ragt dieses Büchlein im Wust der modernen Ratgeberliteratur wie ein kleines Einstecktuch im Anzug heraus durch das gewisse Etwas des optimistischen Gentlemans. Etwas, das der eine oder andere auch am Ende dieses schwierigen Jahres 2020 sicher gerne mal verschenkt.«

F. L., Meerbusch
Dezember 2020

»Lieber Markus, dein Buch ist ein Gewinn für jeden Manager! Es fasziniert mich, sauge viel auf, kann mich kaum lösen davon. Werde es für meine Nichten, Kinder und gute Freunde bestellen für Weihnachten.«

Zuschrift per WhatsApp
Oktober 2020

»Sehr geehrter Herr Dr. Elsässer, mit großem Interesse habe ich vor einigen Wochen Ihr neues Buch gelesen. Bei einem gestrigen Gespräch mit einem Rotarier habe ich mich an Ihr Kapitel über die Berufsfindung erinnert. Mein Bekannter hat einen 25-jährigen Sohn, der bisher noch nicht seine berufliche Leidenschaft gefunden hat. Nachdem er zwei Studiengänge abgebrochen hat, ist die Berufsfindung zu einem spannungsreichen Thema zwischen ihm und seinem Vater geworden. Besonders beeindruckt war ich in Ihrem Buch von Ihrer Beschreibung der Berufsberaterin Ihrer Söhne. Diese Berufsberaterin könnte sicherlich auch meinem Bekannten und seinem Sohn weiterhelfen. Können Sie mir bitte die Kontaktdaten Ihrer Berufsberaterin zukommen lassen? Vielen Dank für Ihre Zeit und Unterstützung. Mit freundlichen Grüßen.«

D. E., Gütersloh/Deutschland
Oktober 2020

»Lieber Markus, ich habe dein Buch (mit dem langen Titel) auf der Reise nach Brasilien gelesen. Es überzeugt vor allem durch die Authentizität der geschilderten Einsichten, Erlebnisse und Episoden. Es ist, man merkt es Seite für Seite, kein gedankliches Konstrukt, sondern lebendige Vermittlung von tatsächlich Erlebtem. Mein Leben, über das ich mich nicht beklagen will, wäre anders verlaufen, wenn ich das Buch während meines Jurastudiums oder jedenfalls VOR meiner Anheuerung bei der Firma ... gelesen und die darin enthaltenen Hinweise und Ratschläge beherzigt hätte, z. B. Humor und Kritik mit kleinem h bzw. mit kleinem k, oder ›niemals einen Brief‹! Ich werde das Buch nach meiner Rückkehr aus Brasilien meinen Kindern schenken, vielleicht zu Nikolaus. Herzliche Grüße aus Rio.«

B.
Oktober 2020

»Guten Abend, Herr Elsässer, Ihr neues Buch ist klasse. Eine echte Bereicherung. Ich bin rundum überzeugt von mir und meiner Arbeit. Dennoch habe ich nun einige Aspekte erkannt, welche ich in Zukunft überdenken oder verbessern sollte. Vielen Dank für die nüchternen Gedanken und Ratschläge. Freundliche Grüße.«

S. E.
September 2020

»Sehr geehrter Herr Elsässer, vielen Dank für Ihr neues Buch. Ich habe das Buch heute Morgen um 8 Uhr begonnen und in einem Rutsch durchgelesen. Ihre lockere Erzählweise bei gleichzeitiger Ernsthaftigkeit ist sehr erfrischend und angenehm zu lesen. Ich hätte mir gewünscht, mit meinen heute 54 Jahren, dieses Buch vor 30 Jahren in Händen gehalten zu haben. Was dann alles möglich gewesen wäre. Kaum auszuhalten. Ich werde meine restliche Zeit auf jeden Fall nach Ihren Ratschlägen und Erfahrungen ausrichten. Viele Ihrer beschriebenen Erlebnisse bzw. Situationen kamen mir sehr bekannt vor. Auch freue ich mich jeden Freitag auf Ihre erfrischenden YouTube-Videos. Gehört mittlerweile zu einem erfolgreichen Wochenende dazu. Bitte erhalten Sie sich Ihre Schaffenskraft und vor allem Ihre Gesundheit. Mit freundlichen Grüßen.«

C. P.
September 2020